Univers

Fernand Angu

R O U S S E A U

JULIE
OU
LA NOUVELLE HÉLOÏSE

Extraits
avec un tableau chronologique de la vie de Rousseau,
une bibliographie pratique, une étude
de la genèse du roman, une analyse méthodique
des textes choisis, des notes, une étude littéraire

par

Marthe GABEAUD

Agrégée des Lettres
ancienne élève de l'E.N.S.,
professeur honoraire de
Première Supérieure
au lycée Camille Jullian
de Bordeaux

Jacques DIETSCH

Agrégé des Lettres
professeur de Première
Supérieure au Lycée
Camille Jullian
de Bordeaux

Bordas

Jean-Jacques Rousseau, par A. Ramsay,
gravé par C. Corbeitt

© Bordas, Paris 1979 - 1re édition
© Bordas, Paris 1985 pour la présente édition
I.S.B.N. 2-04-016080-9
I.S.S.N. 0249-7220

TABLEAU CHRONOLOGIQUE DE LA VIE DE J.-J. ROUSSEAU (1712-1778)

(Pour une biographie plus détaillée, se reporter aux éditions
Bordas des *Discours* et des *Confessions*)

28 juin 1712 Naissance à Genève, d'un père horloger. Mort de
la mère, 8 jours après.

1718-1719 « Ma mère avait laissé des romans. Nous nous
mîmes à les lire après souper mon père et moi [...] et
passions les nuits à cette occupation » (*Conf.*, I).

Hiver 1720 « Plutarque, surtout, devint ma lecture favorite. »

1722 Mis en pension chez le pasteur Lambercier, à Bossey,
près de Genève.

1724-1728 Mis en apprentissage chez un greffier, puis chez un
graveur à Genève.

1728 Le 12 mars, rentrant de promenade, trouve les portes
de Genève fermées. Un curé de Savoie l'envoie à Annecy,
chez Mme de Warens, qui vient en aide à ceux qui se
convertissent au catholicisme. Abjure le protestantisme à
Turin et reçoit le baptême.

1728-1731 Vie errante. Voyages à Lyon, en Suisse, à Paris,
souvent à pied.

1731 S'installe à Chambéry, près de Mme de Warens. S'inté-
resse à l'arithmétique, au dessin, à la botanique, à la
musique, — en autodidacte.

1736-1740 Avec Mme de Warens ou seul, fait plusieurs séjours
aux Charmettes, à une lieue de Chambéry. Des voyages
à Lyon, Genève, Montpellier, etc.

1740-1742 Après un préceptorat à Lyon, se rend à Paris
pour présenter à l'Académie des Sciences un projet
de notation musicale chiffrée.

1743-1744 Secrétaire de l'ambassadeur de France à Venise.
Puis retour à Paris.

1744-1745 Vie mondaine. Fréquente les salons philosophiques.
Se lie avec Thérèse Levasseur, une lingère; elle lui
donnera cinq enfants, qu'il mettra aux Enfants Trouvés.

1749 Lors d'une visite à Diderot, emprisonné à Vincennes
pour sa *Lettre sur les aveugles*, prend connaissance du
sujet mis au concours par l'Académie de Dijon : « Si le
rétablissement des sciences et des arts a contribué à
épurer les mœurs. »

1750 Son *Discours sur les Sciences et les Arts* est couronné
par l'Académie de Dijon.

1751 Renonce à la vie mondaine, et copie de la musique pour
gagner sa vie.

1752 Son opéra *Le devin du village* est joué devant la Cour à Fontainebleau. Refuse d'être présenté au Roi. Le Théâtre-Français joue *Narcisse*, œuvre de jeunesse.

1753 Publie la *Lettre sur la musique française.*

1754 Séjour à Genève, où il se reconvertit au protestantisme.

1755 Publie le *Discours sur l'origine de l'inégalité.*

1756 S'installe à l'*Ermitage*, que Mme d'Epinay a fait aménager pour lui dans son parc. Commence à imaginer les personnages de *la Nouvelle Héloïse.*

1757 Passion sans espoir pour Mme d'Houdetot, belle-sœur de Mme d'Epinay. Se brouille avec Diderot, Grimm et les « philosophes ». Congédié par Mme d'Epinay, recueilli à Montmorency par le Maréchal de Luxembourg.

1758 *Lettre à d'Alembert sur les spectacles.* Le 13 septembre, annonce à son éditeur de Hollande que la *Julie* en six parties est achevée.

1761 Publication de *la Nouvelle Héloïse.* Succès immédiat.

1762 *Lettres à M. de Malesherbes.* Publication du *Contrat social* et de l'*Émile*, condamnés et brûlés à Paris et à Genève. Décrété de « prise de corps », se réfugie à Môtiers, ville de Suisse dépendant de la Prusse.

1763-1764 Se défend contre les accusations portées contre lui (*Lettre à Christophe de Beaumont*, mars 1763; *Lettres écrites de la montagne*, octobre 1764). En décembre 1764, un pamphlet anonyme (écrit par Voltaire) révèle qu'il a abandonné ses enfants. Entreprend les *Confessions*, pour se justifier.

1765 Chassé de Môtiers, passe deux mois à l'île de Saint-Pierre; expulsé par le Petit Conseil de Berne.

1766 Séjour en Angleterre. Se brouille avec Hume.

1768 Erre en France de ville en ville. En août, épouse Thérèse.

1769 Dans une ferme près de Bourgoin, rédige les livres VII à XII des *Confessions.*

1770 A Paris, copie de la musique et herborise.

1771 Lectures publiques des *Confessions.* Mme d'Epinay demande qu'on les interdise.

1772-1775 Compose les *Dialogues : Rousseau juge de Jean-Jacques.*

1776-1778 Rédige les *Rêveries du promeneur solitaire.*

Mai 1778 Accepte l'hospitalité du marquis de Girardin à Ermenonville.

2 juillet 1778 Mort de Rousseau, inhumé dans la propriété. Ses cendres seront transférées au Panthéon en 1794.

1782 Publication des six premiers livres des *Confessions*, et des *Rêveries.*

1789 Publication des six derniers livres des *Confessions.*

GENÈSE DE LA NOUVELLE HÉLOÏSE
ÉTUDE D'UNE CRÉATION LITTÉRAIRE

L'étude de la genèse de ce roman-fleuve, conçu pendant la période la plus féconde de la vie de l'écrivain, est capitale : elle pose le problème des rapports entre le Réel et l'Imaginaire, essentiel pour comprendre la signification de l'œuvre de Rousseau. Nous utiliserons la Correspondance, et surtout le livre IX des *Confessions*, qui nous fait vivre la naissance et le développement du roman.

1. Première ébauche : « Lettres de deux amants »

Le moment et le lieu Au printemps de 1756, recueilli à l'Ermitage par Mme d'Epinay, Rousseau peut mettre en pratique son projet de réforme morale. Fuyant la ville, il retrouve la vraie vie dans la campagne et la forêt; simple artisan, il copie de la musique. Il a encore en tête quelques projets orientés « vers le bien public » qui aboutiront un jour à l'*Émile* et au *Contrat social ;* mais il croit avoir renoncé au genre frivole du roman.

Dans cette solitude, parvenu au sommet de la courbe de sa vie, il ne peut s'empêcher de faire un bilan, assez désastreux. Échec en amour : quelques rares aventures qui toutes ont mal fini; échec en amitié : ses amis, les philosophes parisiens, n'ont guère de points communs avec « le sauvage »; échec dans sa carrière : « Je n'ai plus de génie » écrira-t-il à Tronchin. Si bien que le « ravissement » initial se nuance vite de nostalgie : « Ah! Ce n'est pas encore ici les Charmettes! »

Comment ne pas penser à Stendhal « qui inscrit sur sa ceinture : " Je vais avoir la cinquantaine " peu avant de se précipiter dans un grand poème d'amour heureux et jeune, un merveilleux fleuve d'oubli : *La Chartreuse de Parme?* » (B. Guyon).

Le rêve compensateur : Rousseau se tourne naturellement **naissance de la création** vers ces années, idéalisées par le souvenir, d'un passé qui pour lui a toujours représenté le bonheur. « Tous ces ravissants délires d'un jeune cœur, que j'avais sentis alors dans toute leur force et dont je croyais le temps passé pour jamais, toutes ces tendres réminiscences, me firent verser des larmes sur ma jeunesse écoulée et sur ces transports désormais perdus pour moi. » Rousseau rêve donc sur sa propre vie, qu'il va lire comme un roman. Passionné de lecture dès son enfance, il était doué de la faculté de s'identifier aux personnages de ses livres : « Je me croyais Grec ou Latin, je devenais le personnage dont je lisais la vie. » Il s'identifiera maintenant aux créatures de son rêve.

Le point de départ est bien affectif : « dévoré du besoin d'aimer », il imagine un monde où règnent l'amour et l'amitié. Bientôt ce rêve s'incarne dans trois êtres jeunes, une intrigue s'ébauche. Deux jeunes filles, liées d'amitié : « je les douai de deux caractères analogues, mais différents; je fis l'une brune et l'autre blonde, l'une vive et l'autre douce, l'une sage et l'autre faible »; un jeune homme, amant de l'une, et « dont l'autre fut la tendre amie ». La beauté physique et morale, la complémentarité de ces êtres, cette « touchante faiblesse » qui s'efforce à la vertu et se confond avec elle, comblent la sensibilité de Rousseau.

Il lui restait à trouver un décor : « Il me fallait un lac et je finis par choisir celui autour duquel mon cœur n'a jamais cessé d'errer. » Lieu réel, mais surtout lieu analogique : l'eau paisible, propice à la rêverie; le lac de l'enfance, le lieu clos, le refuge, la Mère.

Dans ce premier projet, aucun drame encore; c'est une image statique du bonheur.

2. Julie

La rêverie s'organise   Sous l'emprise de ses personnages, il va, de ses rêves, tirer une œuvre. « Après beaucoup d'efforts inutiles pour écarter de moi toutes ces fictions, je fus enfin tout à fait séduit par elles et je ne m'occupai plus qu'à tâcher d'y mettre quelque ordre et quelque suite pour en faire une espèce de roman. » Moment crucial de la création littéraire : le déroulement du roman est inséparable de la signification qu'il prend pour Rousseau. L'aventure brûlante mais banale est le point de départ d'une évolution morale et spirituelle. Rousseau contraindra son héroïne au mariage, non avec son amant, mais avec Wolmar; elle trouvera dans cette union la paix du cœur, et le ménage sera un objet d'édification pour leurs compatriotes. Plus tard, l'amant prendra place au foyer, dans un même contexte de noblesse morale. Rousseau s'est engagé tout entier dans son œuvre, tous les grands sujets y seront abordés, peu à peu elle devient une somme.

Il semble bien qu'à l'automne 1756 le roman comporte quatre parties au lieu de deux; les aventures s'y étalent sur dix ans et non plus sur quatre. En novembre 1757, Rousseau pense à une édition et forme le projet de « huit estampes pour accompagner l'ouvrage ». Mais il est certain que le roman ne s'achevait pas avec la lettre 17 de la IVᵉ partie (promenade sur le lac) dans son état actuel; le dessein de Rousseau, attesté dans la Correspondance, était de faire se noyer les deux amants. Accident libérateur, affranchissement suprême des vicissitudes terrestres, mais aussi fin conforme à la tragédie et à l'opéra.

Irruption de la réalité   Dans sa solitude de l'Ermitage, au mo-
dans la fiction   ment où il croit achever son roman,
Rousseau reçoit, tout à fait par hasard, la visite d'une charmante jeune femme, Sophie d'Houdetot. Par une cristallisation déjà stendhalienne, il l'identifie aussitôt à son héroïne : « Elle vint, je la vis; j'étais ivre d'amour sans objet, cette ivresse fascina mes yeux... Je vis ma Julie en Mᵐᵉ d'Houdetot et bientôt je ne vis plus que Mᵐᵉ d'Houdetot, mais revêtue de toutes les perfections dont je venais d'orner l'idole de mon cœur ». Ce fut encore un amour malheureux : Rousseau se heurta à l'amant de Sophie, Saint-Lambert, et à l'indignation de tous ses amis. Il dut bientôt quitter l'Ermitage. Un moment, se souvenant de la vie à Clarens, il avait rêvé d'un ménage à trois : il se résignera à n'être que le « directeur de conscience » de Sophie.

3. « La Nouvelle Héloïse »

Vers le roman   En février 1758, il promet à Mᵐᵉ d'Houdetot
en six parties   une cinquième partie, proche, sans doute, des
Lettres morales qu'il lui adresse, où nous trouvons beaucoup de thèmes développés dans la fin du roman. Bientôt, cette cinquième partie, trop gonflée, sera scindée en deux. C'est qu'une nouvelle orientation, que faisait prévoir le début du roman, s'y affirme : un courant religieux et mystique transfigure l'aventure amoureuse. Depuis long-temps le problème religieux préoccupait Rousseau; les années de maturité et de retraite l'ont amené à prendre position. Dans sa réponse à Voltaire à propos du *Poème sur le désastre de Lisbonne*, dans la *Lettre à d'Alembert* (1758) qui a consommé la rupture avec les Philosophes, il s'est fait le « champion de Dieu », et son roman s'achemine vers une profession de foi à peu près contemporaine de celle du Vicaire Savoyard. La religion, par la tolérance réciproque de Julie, dévote, et de Wolmar, athée, devient « l'objet de concorde et de paix publique » dont parlent les *Confessions*. Pour Julie, elle sera source de joie profonde dans la contemplation et la prière.

Une œuvre harmonieusement construite Ainsi parvenu à sa forme définitive, le roman a une cohérence parfaite. H. Coulet (*Information littéraire*, 1968, nᵒ 1) relève maintes correspondances entre les deux moitiés du roman. Jalons symétriquement posés dans la Iʳᵉ et la IVᵉ parties (les deux scènes dans le bosquet; l'absence de Claire, l'absence de Wolmar, et leurs conséquences; les deux crises de Meillerie). Même symétrie dans la conception d'ensemble : la première moitié du roman (I à III) est la vaine recherche d'une union impossible, la deuxième (IV à VI) est l'édification d'une entente dont les obstacles sont progressivement levés; et de même que la IIIᵉ partie se termine par le départ de Saint-Preux pour le tour du monde, la VIᵉ s'achève sur le départ de Julie dans la mort.

Dernières péripéties A la fin de 1758, l'ouvrage semble achevé. Mais Rousseau redoute la critique. En 1759, il écrit une *Préface dialoguée* : c'est déjà *Rousseau juge de Jean-Jacques*. Il prévoit les objections, se prend lui-même à partie, réclame le droit à la contradiction, définit les principes de son art, d'ailleurs tout classique. A la fin de 1759 seulement, il écrit en tête de son roman le titre définitif : *La Nouvelle Héloïse*. « Il avait assez mêlé la théologie à l'amour pour mériter de placer ce long recueil de lettres sous le patronage illustre de l'Abbesse qui, cinq siècles plus tôt, avait montré par ses épreuves et par sa gloire, que Dieu et l'amour sont inséparables. » (B. Guyon)

En février 1761, le roman est enfin publié.

BIBLIOGRAPHIE PRATIQUE

1. Le texte. Trois éditions importantes :

- *La Nouvelle Héloïse*, nouvelle édition d'après les manuscrits et les éditions originales avec des variantes, une introduction, des notices et des notes, par Daniel Mornet, Paris, Hachette, « Les grands écrivains de la France », 1925, 4 vol.
- *La Nouvelle Héloïse,* édition avec introduction, notes et choix de variantes par René Pomeau, Paris, classiques Garnier, 1960. Nos extraits sont établis sur cette édition.
- Jean-Jacques Rousseau. *Œuvres complètes*. Bibliothèque de la Pléïade, Gallimard Tome II : *La Nouvelle Héloïse,* 1964. Texte établi par Henri Coulet. Les annotations de Bernard Guyon ont inspiré nombre de nos commentaires.

Une édition plus modeste des œuvres complètes est parue dans la collection « L'Intégrale », aux éditions du Seuil, en 3 volumes, sous la direction de Michel Launay, de 1967 à 1971.

2. Études générales

• *L'Amour et l'Occident,* par Denis de Rougemont, Plon, 1939. Édition révisée en 1956, et publiée dans la coll. 10/18.
• *Études sur le temps humain,* par Georges Poulet, 1949.
• *L'idée du bonheur au XVIIIe siècle,* par Robert Mauzi, Armand Colin, 1960.

3. Études sur la vie et la pensée de Rousseau

• *La philosophie de l'existence de Jean-Jacques Rousseau,* par Pierre Burgelin. Presses Universitaires de France, 1952.
• *Jean-Jacques Rousseau, La transparence et l'obstacle,* par Jean Starobinski, Gallimard 1958 et 1971 (réédition « Tel », 1976).
• *Rousseau par lui-même,* par Georges May, Seuil, 1961.
• *Jean-Jacques Rousseau et la réalité de l'imaginaire,* par Marc Eigeldinger, Neuchâtel, La Baconnière, 1962.
• *Jean-Jacques Rousseau : la quête de soi et la rêverie,* par Marcel Raymond, Librairie José-Corti, 1963.
• *Rousseau, solitude et communauté,* par Bronislaw Baczko, trad. fr. Parcs-La Haye, Mouton, 1974.
• *Pensée de Rousseau.* Recueil d'articles réalisé sous la direction de G. Genette et de T. Todorov. Éditions du Seuil, Points, 1984.

4. Études sur La Nouvelle Héloïse

• *Remarques sur la genèse et la composition de La Nouvelle Héloïse,* par Robert Osmont, *Annales J.-J. Rousseau,* 1953-55.
• *La mémoire et l'oubli dans la Nouvelle Héloïse,* par Bernard Guyon, *Annales J.-J. Rousseau,* 1959-1962.
• *Rousseau ou le romancier enchaîné,* par W. Mead, P.U.F., 1966.
• *Une lecture du temps dans La Nouvelle Héloïse,* par François Van Laere, Neuchâtel. La Baconnière, 1968.
• *Rousseau et l'art du roman,* par J.-L. Lecercle, Colin, 1969.
• *Lire au XVIIIe siècle. La Nouvelle Héloïse et ses lecteurs,* par Claude Labrosse, Presses Universitaires de Lyon, 1985.

Huitième estampe de Gravelot pour la première édition de *la Nouvelle Héloïse*; cf. Quatrième partie, Lettre XVII.

Un aspect essentiel du roman : le thème du souvenir.

JULIE OU LA NOUVELLE HÉLOÏSE

Lettres de deux amants
habitants d'une petite ville au pied des Alpes

recueillies et publiées

par

Jean-Jacques Rousseau

PREMIÈRE PARTIE

LETTRE I DE SAINT-PREUX À JULIE

Il faut vous fuir, Mademoiselle, je le sens bien : j'aurais
dû beaucoup moins attendre; ou plutôt il fallait ne vous
voir jamais. Mais que faire aujourd'hui? Comment m'y
prendre? Vous m'avez promis de l'amitié; voyez mes
5 perplexités, et conseillez-moi.

Vous savez que je ne suis entré dans votre maison que
sur l'invitation de Madame votre mère. Sachant que
j'avais cultivé quelques talents agréables, elle a cru qu'ils
ne seraient pas inutiles, dans un lieu dépourvu de maîtres,
10 à l'éducation d'une fille qu'elle adore. Fier, à mon tour,
d'orner de quelques fleurs un si beau naturel, j'osai me
charger de ce dangereux soin, sans en prévoir le péril,
ou du moins sans le redouter. Je ne vous dirai point que
je commence à payer le prix de ma témérité : j'espère
15 que je ne m'oublierai jamais jusqu'à vous tenir des
discours qu'il ne vous convient pas d'entendre, et
manquer au respect que je dois à vos mœurs encore plus
qu'à votre naissance et à vos charmes. Si je souffre, j'ai du
moins la consolation de souffrir seul, et je ne voudrais pas
20 d'un bonheur qui pût coûter au vôtre.

Cependant je vous vois tous les jours, et je m'aperçois
que, sans y songer, vous aggravez innocemment des maux
que vous ne pouvez plaindre, et que vous devez ignorer.
Je sais, il est vrai, le parti que dicte en pareil cas la pru-

25 dence au défaut de l'espoir; et je me serais efforcé de le
prendre, si je pouvais accorder en cette occasion la prudence avec l'honnêteté [1]; mais comment me retirer décemment d'une maison dont la maîtresse elle-même m'a offert
l'entrée, où elle m'accable de bontés, où elle me croit de
30 quelque utilité à ce qu'elle a de plus cher au monde?
Comment frustrer cette tendre mère du plaisir de surprendre un jour son époux par vos progrès dans des études
qu'elle lui cache à ce dessein [2]? Faut-il quitter impoli-
ment sans lui rien dire? Faut-il déclarer le sujet de ma
35 retraite, et cet aveu même ne l'offensera-t-il pas de la part
d'un homme dont la naissance et la fortune ne peuvent
lui permettre d'aspirer à vous?

Je ne vois, Mademoiselle, qu'un moyen de sortir de
l'embarras où je suis; c'est que la main qui m'y plonge
40 m'en retire; que ma peine, ainsi que ma faute, me vienne
de vous; et qu'au moins par pitié pour moi vous daigniez
m'interdire votre présence. Montrez ma lettre à vos
parents, faites-moi refuser votre porte, chassez-moi
comme il vous plaira; je puis tout endurer de vous, je
45 ne puis vous fuir de moi-même.

Vous, me chasser! moi, vous fuir! et pourquoi? Pourquoi donc est-ce un crime d'être sensible au mérite, et
d'aimer ce qu'il faut qu'on honore? Non, belle Julie;
vos attraits avaient ébloui mes yeux, jamais ils n'eussent
50 égaré mon cœur sans l'attrait plus puissant qui les anime.
C'est cette union touchante d'une sensibilité si vive et
d'une inaltérable douceur; c'est cette pitié si tendre à
tous les maux d'autrui; c'est cet esprit juste et ce goût
exquis qui tirent leur pureté de celle de l'âme; ce sont,
55 en un mot, les charmes des sentiments, bien plus que
ceux de la personne, que j'adore en vous. Je consens qu'on
vous puisse imaginer plus belle encore; mais plus aimable [3]
et plus digne du cœur d'un honnête homme, non, Julie,
il n'est pas possible.

60 J'ose me flatter quelquefois que le ciel a mis une conformité secrète entre nos affections, ainsi qu'entre nos goûts
et nos âges. Si jeunes encore, rien n'altère en nous les

---

1. La bienséance (voir plus loin : « *décemment* »).
2. Le père de Julie, Monsieur d'Étange, est en voyage.
3. Digne d'être aimée.

penchants de la nature, et toutes nos inclinations semblent
se rapporter [4]. Avant que d'avoir pris les uniformes pré-
65 jugés du monde, nous avons des manières uniformes de
sentir et de voir; et pourquoi n'oserais-je imaginer dans
nos cœurs ce même concert [5] que j'aperçois dans nos jugements? Quelquefois nos yeux se rencontrent; quelques
soupirs nous échappent en même temps; quelques larmes
70 furtives... ô Julie! si cet accord venait de plus loin... si le
ciel nous avait destinés... toute la force humaine.., Ah!
pardon! je m'égare : j'ose prendre mes vœux pour de
l'espoir; l'ardeur de mes désirs prête à leur objet la possi-
bilité qui lui manque.

75   Je vois avec effroi quel tourment mon cœur se prépare.
Je ne cherche point à flatter mon mal; je voudrais le
haïr, s'il était possible. Jugez si mes sentiments sont
purs par la sorte de grâce que je viens vous demander.
Tarissez, s'il se peut, la source du poison qui me nourrit
80 et me tue. Je ne veux que guérir ou mourir, et j'implore
vos rigueurs comme un amant implorerait vos bontés.

    Oui, je promets, je jure de faire de mon côté tous mes
efforts pour recouvrer ma raison, ou concentrer au fond
de mon âme le trouble que j'y sens naître : mais, par
85 pitié, détournez de moi ces yeux si doux qui me donnent
la mort; dérobez aux miens vos traits, votre air, vos
bras, vos mains, vos blonds cheveux, vos gestes; trompez
l'avide imprudence de mes regards; retenez cette voix
touchante qu'on n'entend point sans émotion; soyez,
90 hélas! une autre que vous-même, pour que mon cœur
puisse revenir à lui.

[*Julie ne répond pas à cette lettre, mais adopte avec son
précepteur une attitude plus froide et plus réservée, qui inspire
au jeune homme la crainte que sa déclaration n'ait déplu. Une
seconde lettre exprime cette angoisse : l'ayant lue, Julie est
agitée d'un trouble que Saint-Preux décèle. Se sentant amoureux
pour toujours, il prend la résolution de partir, avec l'espoir
de « mériter un jour la considération dont [il n'est] pas maintenant
digne ». Alors, Julie lui répond et tente, en de courts billets, de
le retenir. Mais il démêle mal les sentiments de celle qu'il aime,
il se croit méprisé : il menace de se suicider (Lettres II et III).*]

---

4. « Avoir de la conformité, de la ressemblance » (Littré).
5. Bon accord.

● **Un roman par lettres. Présentation du héros**

① **Un avantage** du roman par lettres : vivacité de ce début qui introduit le lecteur au cœur du drame. « M. Rousseau est entré aussi avant dans son sujet par cette première lettre que M. Richardson dans les trois premiers volumes de *Clarisse*. » (Suard, 1761.)

② **Le héros** : *a*) Saint-Preux le roturier. Rousseau ne donne jamais de précisions sur la situation sociale de Saint-Preux, il en fera même un « précepteur sans émoluments » pour ne pas déparer le contexte romanesque, mais l'importance est grande, dans la vie et la pensée de Rousseau, de cette situation d'« humilié ».

b) Saint-Preux imprime aussitôt à son amour les caractères de la passion selon Rousseau, qui vont s'affirmer dans le roman :
— fatalité;
— exigence : il faut une « communion des âmes », un « accord parfait »;
— l'amour est vécu comme un conflit douloureux entre exigence sensuelle et exigence de l'esprit;
— il est donc une tension, et par là même une grâce, source d'exaltation, de progrès moral : amour et vertu seront sans cesse associés;
— mais cette tension sera vécue dans l'angoisse.

③ **Le style** : noter la différence entre les deux premiers livres et la suite de l'œuvre.
Au début domine le style abondant, « feuillu », a pu dire Diderot (à la grande inquiétude de Rousseau), « haletant » (ce qui ne déplaisait pas au même Diderot), paré de toutes les ressources de la rhétorique. D'où une mise au point nécessaire : « Le lecteur moderne est d'abord surpris, choqué... mais s'il commet l'imprudence de s'abandonner à ce rythme, il est perdu. Il ne quittera plus le livre, car les sentiments sont authentiques et ces formes usées prennent soudain une nouvelle jeunesse. » (B. Guyon).
En réalité, nous avons là le début d'un drame lyrique où domine souvent le « bel canto ». La lecture de *La Nouvelle Héloïse* va nous mener à la découverte de l'extraordinaire maîtrise du style de Rousseau, de sa variété, et à la définition d'une poétique fondée essentiellement sur les dons de musicien en prose de l'auteur.

LETTRE IV DE JULIE À SAINT-PREUX

[*Alarmée, Julie avoue qu'elle partage la passion de Saint-Preux. Mais elle lui reproche cet aveu coupable auquel il l'oblige.*]

... Je n'ai rien négligé pour arrêter le progrès de cette passion funeste. Dans l'impuissance de résister, j'ai voulu

me garantir d'être attaquée[1]; tes poursuites ont trompé
ma vaine prudence. Cent fois j'ai voulu me jeter aux pieds
5 des auteurs de mes jours, cent fois j'ai voulu leur ouvrir
mon cœur coupable; ils ne peuvent connaître ce qui s'y
passe; ils voudront appliquer des remèdes ordinaires à
un mal désespéré : ma mère est faible et sans autorité,
je connais l'inflexible sévérité de mon père, et je ne ferai
10 que perdre et déshonorer moi, ma famille, et toi-même.
Mon amie[2] est absente, mon frère n'est plus; je ne trouve
aucun protecteur au monde contre l'ennemi qui me poursuit; j'implore en vain le Ciel, le Ciel est sourd aux prières
des faibles. Tout fomente[3] l'ardeur qui me dévore; tout
15 m'abandonne à moi-même, ou plutôt tout me livre à toi;
la nature entière semble être ta complice; tous mes efforts
sont vains, je t'adore en dépit de moi-même. Comment
mon cœur, qui n'a pu résister dans toute sa force, céde-
rait-il maintenant à demi? comment ce cœur, qui ne
20 sait rien dissimuler, te cacherait-il le reste de sa faiblesse?
Ah! le premier pas, qui coûte le plus, était celui qu'il ne

---

1. « Me mettre à l'abri contre toute attaque » (en gardant le silence).
2. Claire, sa cousine, mentionnée ici pour la première fois.
3. Terme de médecine : « entretenir dans la chaleur ».

● **Julie et Phèdre**

Rousseau est un passionné de théâtre, du théâtre classique en
particulier. Il ne faut donc pas s'étonner s'il donne à ses personnages la psychologie et le style raciniens, et si dans leurs
lettres s'affirme un tour dramatique.

① La passion est une maladie : Julie subit les mêmes souf-
frances physiques, les mêmes tortures morales que l'héroïne
racinienne (cf. *Phèdre*, I, 273-296) et sa conduite à l'égard de l'être
aimé est semblable.

② Le Ciel ne lui accorde, comme à Phèdre, aucun recours,
aucun soutien, et ses efforts sont vains (cf. *Phèdre* II, 677-690).

③ Rousseau a lui-même éprouvé le caractère foudroyant d'un
tel amour. Relire le récit de sa première rencontre avec Mme de
Warens (*Confessions*, ULB p. 58) et le commentaire qui l'accompagne (ibid. p. 62).
Cette passion soudaine et fatale, comment la trouvez-vous
décrite dans un roman du XVIIIe siècle que Rousseau admire
beaucoup : *Manon Lescaut*, de l'abbé Prévost?

fallait pas faire ; comment m'arrêterais-je aux autres ?
Non ; de ce premier pas je me sens entraîner dans l'abîme,
et tu peux me rendre aussi malheureuse qu'il te plaira.
25   Tel est l'état affreux où je me vois, que [4] je ne puis plus
avoir recours qu'à celui qui m'y a réduite, et que, pour
me garantir de ma perte, tu dois être mon unique défen-
seur contre toi. Je pouvais, je le sais, différer cet aveu
de mon désespoir ; je pouvais quelque temps déguiser ma
30 honte, et céder par degrés pour m'en imposer à moi-
même. Vaine adresse qui pouvait flatter mon amour-
propre, et non pas sauver ma vertu ! Va, je vois trop, je
sens trop où mène la première faute, et je ne cherchais
pas à préparer ma ruine, mais à l'éviter...

Lettre xiv de saint-preux à julie

[*Saint-Preux rassure Julie : il la respectera toujours, car
l'amour qu'elle lui inspire n'est pas « compatible avec l'oubli
de la vertu. » Il chante le bonheur pur d'aimer. Mais la montée
du désir s'affirme dans la lettre VIII, « pathétique débat entre la
chair et l'esprit, plus profondément entre l'exaltation de la passion
et le bonheur du repos » (Guyon). Saint-Preux finit par remettre entre les mains de Julie la conduite de son cœur et de sa vie.
Cependant Julie séjourne à la campagne et Saint-Preux est invité
à passer un dimanche aux champs : elle lui donne rendez-vous
dans un bosquet ; Claire y sera (Lettres IX à XIII).*]

Qu'as-tu fait, ah ! qu'as-tu fait, ma Julie ? tu voulais
me récompenser, et tu m'as perdu. Je suis ivre, ou plutôt
insensé. Mes sens sont altérés, toutes mes facultés sont
troublées par ce baiser mortel. Tu voulais soulager mes
5 maux ! Cruelle ! tu les aigris. C'est du poison que j'ai
cueilli sur tes lèvres ; il fermente, il embrase mon sang,
il me tue, et ta pitié me fait mourir.
    O souvenir immortel de cet instant d'illusion, de délire
et d'enchantement, jamais, jamais tu ne t'effaceras de
10 mon âme ; et tant que les charmes de Julie y seront gravés,
tant que ce cœur agité me fournira des sentiments et des
soupirs, tu feras le supplice et le bonheur de ma vie !

---

4. « Tel... que » : en corrélation.

Hélas! je jouissais d'une apparente tranquillité; soumis
à tes volontés suprêmes, je ne murmurais plus[1] d'un
15 sort auquel tu daignais présider. J'avais dompté les fou-
gueuses saillies[2] d'une imagination téméraire; j'avais
couvert mes regards d'un voile, et mis une entrave à mon
cœur; mes désirs n'osaient plus s'échapper qu'à demi;
j'étais aussi content que je pouvais l'être. Je reçois ton
20 billet, je vole chez ta cousine; nous nous rendons à Clarens, je t'aperçois, et mon sein palpite; le doux son de
ta voix y porte une agitation nouvelle; je t'aborde comme
transporté, et j'avais grand besoin de la diversion de ta
cousine pour cacher mon trouble à ta mère. On parcourt
25 le jardin, l'on dîne tranquillement, tu me rends en secret
ta lettre[3] que je n'ose lire devant ce redoutable témoin;
le soleil commence à baisser, nous fuyons tous trois dans
le bois le reste de ses rayons, et ma paisible simplicité
n'imaginait pas même un état plus doux que le mien.
30 En approchant du bosquet, j'aperçus, non sans une
émotion secrète, vos signes d'intelligence, vos sourires
mutuels, et le coloris de tes joues prendre un nouvel
éclat. En y entrant, je vis avec surprise ta cousine s'approcher de moi, et, d'un air plaisamment suppliant, me
35 demander un baiser. Sans rien comprendre à ce mystère,
j'embrassai cette charmante amie; et, tout aimable,
toute piquante qu'elle est, je ne connus jamais mieux que
les sensations ne sont rien que ce que le cœur les fait
être. Mais que devins-je un moment après quand je sen-
40 tis... la main me tremble... un doux frémissement... ta
bouche de roses... la bouche de Julie... se poser, se presser
sur la mienne, et mon corps serré dans tes bras? Non,
le feu du ciel n'est pas plus vif ni plus prompt que celui
qui vint à l'instant m'embraser. Toutes les parties de
45 moi-même se rassemblèrent sous ce toucher délicieux.
Le feu s'exhalait avec nos soupirs de nos lèvres brû-
lantes, et mon cœur se mourait sous le poids de la volupté, quand tout à coup je te vis pâlir, fermer tes beaux
yeux, t'appuyer sur ta cousine, et tomber en défaillance.

---

1. Je ne me plaignais plus.
2. Élans.
3. Rendre : « Remettre à son adresse » (Littré); ici : à son destinataire. Il s'agit de la
lettre XIII, que Julie n'avait pas voulu lui faire transmettre, par prudence.

⁵⁰ Ainsi la frayeur éteignit le plaisir, et mon bonheur ne fut qu'un éclair.

A peine sais-je ce qui m'est arrivé depuis ce fatal moment. L'impression profonde que j'ai reçue ne peut plus s'effacer. Une faveur?... c'est un tourment horrible...
⁵⁵ Non, garde tes baisers, je ne les saurais supporter... ils sont trop âcres, trop pénétrants; ils percent, ils brûlent jusqu'à la moelle... ils me rendraient furieux [4]. Un seul, un seul m'a jeté dans un égarement dont je ne puis plus revenir. Je ne suis plus le même, et ne te vois plus la même.
⁶⁰ Je ne te vois plus comme autrefois réprimante et sévère; mais je te sens et te touche sans cesse unie à mon sein comme tu fus un instant. O Julie! quelque sort que m'annonce un transport dont je ne suis plus maître, quelque traitement que ta rigueur me destine, je ne puis plus
⁶⁵ vivre dans l'état où je suis, et je sens qu'il faut enfin que j'expire à tes pieds... ou dans tes bras.

------

4. « Qui est en proie à une sorte de folie violente » (Littré).

● **Le premier baiser. L'éveil de la sensualité**

① Relevez l'importance que Rousseau accorde à cet épisode. C'est le premier qui soit illustré par une estampe. Il marque une nouvelle étape de l'amour de Julie et de Saint-Preux; il va provoquer entre eux une première séparation.

② Julie, forte de sa sagesse, a voulu récompenser l'Amant soumis, comme les Dames du temps jadis, en lui donnant une Consolation. Mais, dans la lettre XVIII de la 3ᵉ partie, elle avouera à Saint-Preux qu'elle n'avait pas prévu ce qu'elle a alors ressenti : « J'appris dans le bosquet de Clarens que j'avais trop compté sur moi, et qu'il ne faut rien accorder aux sens quand on veut leur refuser quelque chose ».
Rousseau insiste sans pudeur sur les plaisirs des sens, et sur leurs conséquences; ceci répond à son propre tempérament (voir dans les *Confessions*, livre IX, le récit de ses amours avec Mᵐᵉ d'Houdetot) et à celui de ses contemporains.

③ La scène se déroule dans un bosquet. La lecture de multiples passages des *Confessions* montre que Rousseau, en associant la Nature à l'Amour dans les scènes décisives du roman, suit la pente secrète de son cœur. Contrairement aux romanciers de son époque (cf. *Manon Lescaut*, *Les liaisons dangereuses*) ne renoue-t-il pas avec la tradition pastorale? (cf. *L'Astrée*, certains épisodes nocturnes de *La princesse de Clèves*.)

LETTRE XXIII DE SAINT-PREUX À JULIE

[*Ainsi, le trouble de ses sens a révélé à Julie la présence du danger. Elle écrit à Saint-Preux : « Il est très important, mon ami, que nous nous séparions pour quelque temps, et c'est ici la première épreuve de l'obéissance que vous m'avez promise ». L'amant partira donc, la mort dans l'âme, et ses premières lettres traduisent la douleur de l'absence et les angoisses du cœur solitaire. Julie le console, elle dont l'âme accorde si divinement « la vertu, l'amour et la nature ». Alors, apaisé, Saint-Preux devient capable de faire une relation de son voyage dans le Valais (Lettres XV à XXII).*]

A peine ai-je employé huit jours à parcourir un pays qui demanderait des années d'observation : mais, outre que la neige me chasse, j'ai voulu revenir au-devant du courrier qui m'apporte, j'espère, une de vos lettres. En
5 attendant qu'elle arrive, je commence par vous écrire celle-ci, après laquelle j'en écrirai, s'il est nécessaire, une seconde pour répondre à la vôtre.

Je ne vous ferai point ici un détail de mon voyage et de mes remarques; j'en ai fait une relation que je compte
10 vous porter. Il faut réserver notre correspondance pour les choses qui nous touchent de plus près l'un et l'autre. Je me contenterai de vous parler de la situation de mon âme : il est juste de vous rendre compte de l'usage qu'on fait de votre bien.
15 J'étais parti, triste de mes peines et consolé de votre joie [1], ce qui me tenait dans un certain état de langueur qui n'est pas sans charme pour un cœur sensible. Je gravissais lentement et à pied des sentiers assez rudes, conduit par un homme que j'avais pris pour être mon guide et
20 dans lequel, durant toute la route, j'ai trouvé plutôt **un** ami qu'un mercenaire [2]. Je voulais rêver, et j'en étais toujours détourné par quelque spectacle inattendu. Tantôt d'immenses roches pendaient en ruines au-dessus de ma tête. Tantôt de hautes et bruyantes cascades m'inondaient
25 de leur épais brouillard. Tantôt un torrent éternel ouvrait

---

1. Consolé par votre joie : la joie qu'a éprouvée Julie au retour de son père absent depuis huit mois.
2. Saint-Preux lui-même refuse que ses services de précepteur de Julie soient rétribués.

à mes côtés un abîme dont les yeux n'osaient sonder la profondeur. Quelquefois, je me perdais dans l'obscurité d'un bois touffu. Quelquefois, en sortant d'un gouffre, une agréable prairie réjouissait tout à coup mes regards. Un mélange étonnant de la nature sauvage et de la nature cultivée montrait partout la main des hommes où l'on eût cru qu'ils n'avaient jamais pénétré : à côté d'une caverne on trouvait des maisons; on voyait des pampres secs où l'on n'eût cherché que des ronces, des vignes dans des terres éboulées, d'excellents fruits sur des rochers, et des champs dans des précipices.

Ce n'était pas seulement le travail des hommes qui rendait ces pays étranges si bizarrement contrastés : la nature semblait encore prendre plaisir à s'y mettre en opposition avec elle-même, tant on la trouvait différente en un même lieu sous divers aspects. Au levant les fleurs du printemps, au midi les fruits de l'automne, au nord les glaces de l'hiver : elle réunissait toutes les saisons dans le même instant, tous les climats dans le même lieu, des terrains contraires sur le même sol, et formait l'accord inconnu partout ailleurs des productions des plaines et de celles des Alpes. Ajoutez à tout cela les illusions de l'optique, les pointes des monts différemment éclairées, le clair-obscur du soleil et des ombres, et tous les accidents de lumière [3] qui en résultaient le matin et le soir; vous aurez quelque idée des scènes continuelles qui ne cessèrent d'attirer mon admiration, et qui semblaient m'être offertes en un vrai théâtre; car la perspective des monts, étant verticale, frappe les yeux tout à la fois et bien plus puissamment que celle des plaines, qui ne se voit qu'obliquement, en fuyant, et dont chaque objet vous en cache un autre.

J'attribuai, durant la première journée, aux agréments de cette variété le calme que je sentais renaître en moi. J'admirais l'empire qu'ont sur nos passions les plus vives les êtres les plus insensibles, et je méprisais la philosophie de ne pouvoir pas même autant sur l'âme qu'une suite

---

3. Termes de peinture. Le *clair-obscur* est une « distribution des lumières et des ombres combinée de façon à les faire valoir les unes par les autres »; les *accidents de lumière* désignent « ce qui ne vient pas de la lumière principale, mais d'une fenêtre opposée, d'un flambeau, etc. » (*Dict. Acad.*).

d'objets inanimés. Mais cet état paisible ayant duré la nuit et augmenté le lendemain, je ne tardai pas de juger
65 qu'il avait encore quelque autre cause qui ne m'était pas connue. J'arrivai ce jour-là sur des montagnes les moins élevées, et, parcourant ensuite leurs inégalités, sur celles des plus hautes qui étaient à ma portée. Après m'être promené dans les nuages, j'atteignis un séjour plus
70 serein, d'où l'on voit dans la saison le tonnerre et l'orage se former au-dessous de soi; image trop vaine de l'âme du sage, dont l'exemple n'exista jamais, ou n'existe qu'aux mêmes lieux d'où l'on en a tiré l'emblème [4].

Ce fut là que je démêlai sensiblement [5] dans la pureté
75 de l'air où je me trouvais la véritable cause du changement de mon humeur et du retour de cette paix intérieure que j'avais perdue depuis si longtemps. En effet, c'est une impression générale qu'éprouvent tous les hommes, quoiqu'ils ne l'observent pas tous, que sur les hautes
80 montagnes, où l'air est pur et subtil [6], on se sent plus de facilité dans la respiration, plus de légèreté dans le corps, plus de sérénité dans l'esprit; les plaisirs y sont moins ardents, les passions plus modérées. Les méditations y prennent je ne sais quel caractère grand et sublime, pro-
85 portionné aux objets qui nous frappent, je ne sais quelle volupté tranquille qui n'a rien d'âcre et de sensuel. Il semble qu'en s'élevant au-dessus du séjour des hommes on y laisse tous les sentiments bas et terrestres, et qu'à mesure qu'on approche des régions éthérées l'âme con-
90 tracte quelque chose de leur inaltérable pureté. On y est grave sans mélancolie, paisible sans indolence, content d'être et de penser : tous les désirs trop vifs s'émoussent, ils perdent cette pointe aiguë qui les rend douloureux; ils ne laissent au fond du cœur qu'une émotion légère et
95 douce; et c'est ainsi qu'un heureux climat fait servir

---

4. Rousseau songe sans doute au début du Livre II du *De rerum natura* de Lucrèce : « Rien n'est plus doux que d'occuper solidement les hauts lieux fortifiés par la science des sages, régions sereines d'où l'on peut abaisser ses regards sur les autres hommes »... [v. 7-9]. Mais selon lui, le symbole poétique *(emblème)* du sage qui domine avec sérénité les orages des passions ne peut se vérifier... qu'en montagne, où la pureté de l'air permet ce qu'aucune philosophie morale ne saurait obtenir.

5. Avec une évidence imposée par les sens.

6. Léger, presque immatériel.

à la félicité de l'homme les passions qui font ailleurs son tourment. Je doute qu'aucune agitation violente, aucune maladie de vapeurs [7] pût tenir contre un pareil séjour

---

7. « Au pluriel, une certaine maladie dont l'effet ordinaire est de rendre mélancolique, quelquefois même de faire pleurer, et qui resserre le cœur et embarrasse la tête. » (*Dict. Acad.*, 1762). Au livre VII des *Confessions*, Rousseau décrit ses propres vapeurs, qui l'obligèrent à aller consulter un médecin de Montpellier.

● **La lettre sur le Valais**

● **Sens général de la lettre :** Elle peut sembler une longue digression dans le roman d'amour. En réalité, elle affirme une idée essentielle de *La Nouvelle Héloïse* : la liaison entre la Nature, une vie simple et l'épanouissement de l'amour, donc le bonheur.

● **1er extrait (l. 1 à 123) La morale sensitive.**

① **La composition.** Montrez qu'elle est soignée et rigoureuse en apparence, mais au fond souple et complexe. La lettre vise moins à décrire un paysage, progressivement découvert, qu'à peindre et analyser l'effet qu'il produit sur l'âme de Saint-Preux en l'absence de la femme aimée.

② **Le paysage.**
a) On cite souvent ces lignes extraites du livre IV des *Confessions :* « Jamais pays de plaine, quelque beau qu'il fût, ne parut tel à mes yeux. Il me faut des torrents, des rochers, des sapins, des bois noirs, des montagnes, des chemins raboteux à monter et à descendre, des précipices à mes côtés qui me fassent bien peur. » (ULB p. 111). La nature ici décrite est-elle aussi farouche? Ne peut-on noter avec Daniel Mornet *(Le romantisme en France au XVIIIe siècle)* que les paysages préférés de Rousseau sont ceux de moyenne montagne, qui restent encore à la mesure de l'homme?
b) L'état d'âme va nous être suggéré à travers une description qui, en dépit du vocabulaire conventionnel et des procédés habituels de la rhétorique, note avec précision l'influence du paysage sur le spectateur. Dans les *Confessions* (livre IX, ULB, p. 177), Rousseau expose la théorie qui devait soutenir son traité de *Morale sensitive* : « Les climats, les saisons, les sons, les couleurs, l'obscurité, la lumière, les éléments, les aliments, le bruit, le silence, le mouvement, le repos, tout agit sur notre machine, et sur notre âme assurément. »

③ L'extrait s'achève sur le chant de la « paix intérieure », de la présence à soi du sujet, que Jean Starobinski nomme « la transparence », dans une extase bienheureuse à laquelle les vers de Pétrarque donnent un caractère presque mystique. C'est l'acheminement vers d'autres textes où Rousseau dépeindra son propre ravissement dans la Nature (cf. les *Lettres à M. de Malesherbes*, la *Cinquième Promenade*.)

prolongé, et je suis surpris que des bains de l'air salutaire
100 et bienfaisant des montagnes ne soient pas un des grands
remèdes de la médecine et de la morale.

> *Qui non palazzi, non teatro o loggia ;*
> *Ma'n lor vece un' abete, un faggio, un pino,*
> *Trà l'erba verde e'l bel monte vicino*
105 > *Levan di terra al ciel nostr' intelletto* [8].

Supposez les impressions réunies de ce que je viens de
vous décrire, et vous aurez quelque idée de la situation
délicieuse où je me trouvais. Imaginez la variété, la grandeur, la beauté de mille étonnants spectacles; le plaisir
110 de ne voir autour de soi que des objets tout nouveaux,
des oiseaux étranges [9], des plantes bizarres et inconnues,
d'observer en quelque sorte une autre nature, et de se
trouver dans un nouveau monde. Tout cela fait aux yeux
un mélange inexprimable, dont le charme augmente
115 encore par la subtilité de l'air qui rend les couleurs plus
vives, les traits plus marqués, rapproche tous les points
de vue; les distances paraissant moindres que dans les
plaines, où l'épaisseur de l'air couvre la terre d'un voile,
l'horizon présente aux yeux plus d'objets qu'il semble
120 n'en pouvoir contenir : enfin le spectacle a je ne sais quoi
de magique, de surnaturel, qui ravit l'esprit et les sens;
on oublie tout, on s'oublie soi-même, on ne sait plus où
l'on est. [...]
Tandis que je parcourais avec extase ces lieux si peu
125 connus et si dignes d'être admirés, que faisiez-vous
cependant [10], ma Julie? Étiez-vous oubliée de votre ami?
Julie oubliée! Ne m'oublierais-je pas plutôt moi-même,
et que pourrais-je un moment seul, moi qui ne suis plus
rien que par vous? Je n'ai jamais mieux remarqué avec
130 quel instinct je place en divers lieux notre existence commune selon l'état de mon âme. Quand je suis triste, elle
se réfugie auprès de la vôtre, et cherche des consolations

---

8 . De ces vers de Pétrarque, Rousseau a donné cette traduction approximative : « Au
lieu des pavillons, des palais, des théâtres, les chênes, les noirs sapins, les hêtres s'élancent
de l'herbe au sommet des monts et semblent élever au ciel avec leurs têtes, les yeux et
l'esprit des mortels. »
9 . Étrangers.
10 . Pendant ce temps.

aux lieux où vous êtes; c'est ce que j'éprouvais en vous
quittant. Quand j'ai du plaisir, je n'en saurais jouir seul,
135 et pour le partager avec vous je vous appelle alors où je
suis. Voilà ce qui m'est arrivé durant toute cette course,
où, la diversité des objets me rappelant sans cesse en
moi-même, je vous conduisais partout avec moi. Je ne
faisais pas un pas que nous ne le fissions ensemble. Je
140 n'admirais pas une vue sans me hâter de vous la montrer.
Tous les arbres que je rencontrais vous prêtaient leur
ombre, tous les gazons vous servaient de siège. Tantôt
assis à vos côtés, je vous aidais à parcourir des yeux les
objets; tantôt à vos genoux j'en contemplais un plus
145 digne des regards d'un homme sensible. Rencontrais-je
un pas [11] difficile, je vous le voyais franchir avec la légèreté
d'un faon qui bondit après sa mère. Fallait-il traverser un
torrent, j'osais presser dans mes bras une si douce charge;
je passais le torrent lentement, avec délices, et voyais à
150 regret le chemin que j'allais atteindre. Tout me rappelait
à vous dans ce séjour paisible; et les touchants attraits de
la nature, et l'inaltérable pureté de l'air, et les mœurs
simples des habitants, et leur sagesse égale et sûre, et
l'aimable pudeur du sexe, et ses innocentes grâces, et tout
155 ce qui frappait agréablement mes yeux et mon cœur leur
peignait celle qu'ils cherchent...

---

11. Passage étroit.

- **Une victoire sur le temps et l'espace : Julie à la fois absente et présente**

  La diversité des paysages n'a pu détourner de Julie la pensée de Saint-Preux.

  ① L'imagination et la sensibilité de Saint-Preux. Cette partie de la lettre XXIII n'est-elle pas l'illustration de la fameuse formule, extraite de la troisième *Lettre à M. de Malesherbes* : « Mon imagination ne laissait pas longtemps déserte la terre ainsi parée. Je la peuplais bientôt d'êtres selon mon cœur. »?

  ② Pourtant Julie n'est pas une femme imaginaire, telle la Sylphide de Chateaubriand. Saint-Preux la retrouve réellement dans l'absence, et quelques expressions sont même empreintes d'une certaine sensualité.

LETTRE XLVIII DE SAINT-PREUX À JULIE

[*De retour du Valais, Saint-Preux s'est fixé à Meillerie, d'où il peut observer Vevey, et la demeure de Julie. Celle-ci tombe malade de tristesse. Claire appelle Saint-Preux; et c'est la chute, qui désole Julie : les deux amants ont suivi « les plus pures lois de la nature », mais ont transgressé les lois de la société.*

Entre alors en scène un gentilhomme anglais, Milord Édouard, l'ami de Monsieur d'Étange, et qui connaît et estime Saint-Preux pour l'avoir rencontré en voyage. Amateur passionné de musique italienne, il en a fait entendre à Saint-Preux. Celui-ci, au cours d'une première audition, y trouve peu de plaisir; le chant lui paraît « agréable, à la vérité, mais bizarre et sans expression ». Mais une autre séance produit une forte impression sur son âme, et Milord Édouard, qui veut convertir son ami, l'invite à un troisième rendez-vous de musique (Lettres XXIV à XVLII).]

Ah! ma Julie, qu'ai-je entendu? Quels sons touchants! quelle musique! quelle source délicieuse de sentiments et de plaisirs! Ne perds pas un moment; rassemble avec soin tes opéras, tes cantates, ta musique française, fais
5 un grand feu bien ardent, jettes-y tout ce fatras, et l'attise avec soin, afin que tant de glace puisse y brûler et donner de la chaleur au moins une fois. Fais ce sacrifice propitiatoire au dieu du goût, pour expier ton crime et le mien d'avoir profané ta voix à cette lourde psalmodie[1], et
10 d'avoir pris si longtemps pour le langage du cœur un bruit qui ne fait qu'étourdir l'oreille. O que ton digne frère avait raison! Dans quelle étrange erreur j'ai vécu jusqu'ici sur les productions de cet art charmant! Je sentais leur peu d'effet, et l'attribuais à sa faiblesse. Je disais : la musique
15 n'est qu'un vain son qui peut flatter l'oreille et n'agit qu'indirectement et légèrement sur l'âme; l'impression des accords est purement mécanique et physique; qu'a-t-elle à faire au sentiment, et pourquoi devrais-je espérer d'être plus vivement touché d'une belle harmonie[2] que d'un bel
20 accord de couleurs? Je n'apercevais pas, dans les accents

---

1. « [Fig.] Manière monotone de déclamer, de réciter » (Littré).
2. « Selon les Modernes, est une succession d'Accords selon les lois de la Modulation. » (Rousseau, *Dictionnaire de Musique;* il rédigea cet ouvrage, tout à la gloire de la musique italienne, de 1755 à 1765, et le publia en 1768.)

de la mélodie [3] appliqués à ceux de la langue, le lien puissant et secret des passions avec les sons ; je ne voyais pas que l'imitation des tons divers dont les sentiments animent la voix parlante donne à son tour à la voix chantante [25] le pouvoir d'agiter les cœurs, et que l'énergique tableau des mouvements de l'âme de celui qui se fait entendre est ce qui fait le vrai charme de ceux qui l'écoutent.

C'est ce que me fit remarquer le chanteur de milord, qui, pour un musicien, ne laisse pas de parler assez bien [30] de son art. « L'harmonie, me disait-il, n'est qu'un accessoire éloigné dans la musique imitative ; il n'y a dans l'harmonie proprement dite aucun principe d'imitation. Elle assure, il est vrai, les intonations [4], elle porte témoignage de leur justesse ; et, rendant les modulations [5] plus [35] sensibles, elle ajoute de l'énergie à l'expression et de la grâce au chant. Mais c'est de la seule mélodie que sort cette puissance invincible des accents [6] passionnés ; c'est d'elle que dérive tout le pouvoir de la musique sur l'âme. » [...]

[40] Ensuite, m'ayant récité sans chant quelques scènes italiennes, il me fit sentir les rapports de la musique à la parole dans le récitatif [7], de la musique au sentiment dans les airs [8], et partout l'énergie que la mesure exacte et le choix des accords ajoutent à l'expression. Enfin, [45] après avoir joint à la connaissance que j'ai de la langue la meilleure idée qu'il me fut possible de l'accent oratoire et pathétique, c'est-à-dire de l'art de parler à l'oreille

---

3. « Succession de Sons tellement ordonnés selon les lois du Rythme et de la Modulation, qu'elle forme un sens agréable à l'oreille [...] Si la Musique ne peint que par la *mélodie*, et tire d'elle toute sa force, il s'ensuit que toute Musique qui ne chante pas, quelque harmonieuse qu'elle puisse être, n'est point une Musique imitative, et ne pouvant ni toucher ni peindre avec ses beaux accords, lasse bientôt les oreilles, et laisse toujours le cœur froid » *(Ibid.)*.

4. Entonner : « C'est dans l'exécution d'un Chant, former avec justesse les sons et les intervalles qui sont marqués » *(Ibid.)*.

5. « Art de conduire l'Harmonie et le Chant successivement dans plusieurs Modes d'une manière agréable à l'oreille et conforme aux règles » *(Ibid.)*.

6. Outre l'accent musical, qui assure la beauté et l'agrément de la mélodie, Rousseau distingue encore, dans son *Dictionnaire de Musique*, l'accent grammatical, l'accent rationnel, et l'accent pathétique, qui varie selon les nations.

7. « C'est une manière de Chant qui approche beaucoup de la parole, une déclamation en musique, dans laquelle le Musicien doit imiter, autant qu'il est possible, les inflexions de voix du Déclamateur » *(Dict. de Musique)*.

8. « Dans les Opéras l'on donne le nom d'*Airs* à tous les Chants mesurés pour les distinguer du Récitatif » *(Ibid.)*.

et au cœur dans une langue sans articuler des mots, je
me mis à écouter cette musique enchanteresse, et je sentis
50 bientôt, aux émotions qu'elle me causait, que cet art avait
un pouvoir supérieur à celui que j'avais imaginé. Je ne
sais quelle sensation voluptueuse me gagnait insensiblement. Ce n'était plus une vaine suite de sons comme
dans nos récits. A chaque phrase, quelque image entrait
55 dans mon cerveau ou quelque sentiment dans mon cœur ;
le plaisir ne s'arrêtait point à l'oreille, il pénétrait jusqu'à
l'âme ; l'exécution coulait sans effort avec une facilité
charmante ; tous les concertants semblaient animés du
même esprit ; le chanteur maître de sa voix en tirait sans
60 gêne tout ce que le chant et les paroles demandaient de
lui ; et je trouvai surtout un grand soulagement à ne sentir
ni ces lourdes cadences [9], ni ces pénibles efforts de voix,
ni cette contrainte que donne chez nous au musicien le
perpétuel combat du chant et de la mesure, qui, ne
65 pouvant jamais s'accorder, ne lassent guère moins l'audi-
teur que l'exécutant.

Mais quand, après une suite d'airs agréables, on vint
à ces grands morceaux d'expression qui savent exciter
et peindre le désordre des passions violentes, je perdais
70 à chaque instant l'idée de musique, de chant, d'imitation ;
je croyais entendre la voix de la douleur, de l'emporte-
ment, du désespoir ; je croyais voir des mères éplorées,
des amants trahis, des tyrans furieux ; et, dans les agitations que j'étais forcé d'éprouver, j'avais peine à rester en
75 place. Je connus alors pourquoi cette même musique
qui m'avait autrefois ennuyé m'échauffait maintenant
jusqu'au transport ; c'est que j'avais commencé de la
concevoir, et que sitôt qu'elle pouvait agir elle agissait
avec toute sa force. Non, Julie, on ne supporte point à
80 demi de pareilles impressions : elles sont excessives ou
nulles, jamais faibles ou médiocres ; il faut rester insensible, ou se laisser émouvoir outre mesure ; ou c'est le
vain bruit d'une langue qu'on n'entend point, ou c'est
une impétuosité de sentiment qui vous entraîne, et à
85 laquelle il est impossible à l'âme de résister...

---

9. *Cadence :* « Terminaison d'une phrase harmonique sur un repos ou sur un Accord
parfait » *(Ibid.).*

● **La Querelle des Bouffons**

Cette lettre a tout un côté polémique que l'on ne perçoit que si on la situe dans le contexte de la querelle des Bouffons, sur laquelle Rousseau, dans les *Confessions* (livre VIII), donne lui-même des précisions.

Le 1er août 1752, la troupe italienne des Bouffons, ainsi nommée parce qu'elle donnait des représentations d'« opera buffa », interprétait, sur la scène de l'Opéra de Paris, *La servante maîtresse* du Napolitain Pergolèse (1710-1736). Le succès qu'elle obtint donna naissance à une petite guerre esthétique à laquelle on donna le nom de « querelle des Bouffons ». Elle opposa les admirateurs de l'opéra traditionnel français, soutenus à la Cour par le Roi et Mme de Pompadour, et les partisans de la musique italienne, protégés par la Reine. Les deux camps se livrèrent de rudes assauts, qui entraînèrent altercations, duels, lettres de cachet, et une avalanche de pamphlets.

Les premiers étaient conduits par Jean-Philippe Rameau (1683-1764), auteur de nombreux opéras (*Hippolyte et Aricie*, 1733; *Les Indes galantes*, 1735; *Castor et Pollux*, 1737; etc.) mais aussi d'ouvrages techniques (dont l'important *Traité de l'harmonie réduite à ses principes naturels*, 1722), qui fixèrent les bases essentielles de la langue musicale. Il y prône une musique plutôt savante, intellectuelle, architecturale, s'appliquant à des sujets mythologiques ou galants.

Ses adversaires lui reprochaient son manque de vigueur et d'énergie, et ils trouvèrent chez les Italiens, qui empruntaient leurs sujets à la vie bourgeoise ou paysanne, une musique plus expressive et plus passionnée.

Les « philosophes » et les encyclopédistes, qui avaient accueilli avec sympathie les premiers ouvrages de Rameau, se rangèrent bientôt dans le camp opposé : Grimm (le plus violent d'entre eux), d'Alembert, Diderot, Rousseau... Diderot, par exemple, dans *Le neveu de Rameau*, s'en prend avec toute sa verve à Rameau « ce musicien célèbre, qui nous a délivrés du plain chant de Lulli [...], et qui, après avoir enterré le Florentin, sera enterré par les virtuoses italiens, ce qu'il pressentait et qui le rendait sombre, triste, hargneux. »

● **Rousseau et la Musique**

Rousseau est un musicien né. Quel est, pour lui, le sens de la Querelle?

— il rejette la musique française comme peu naturelle, trop savante;

— il va d'instinct à la mélodie italienne, qui lui semble plus propre à exprimer la passion;

— il pense s'exprimer musicalement dans *Le devin du village*. En réalité c'est dans sa prose qu'il le fait; prose que ce passage de l'*Essai sur l'origine des langues* semble définir :

« C'est un des plus grands avantages du musicien de pouvoir peindre des choses qu'on ne saurait entendre. ... L'art du musicien consiste à substituer à l'image insensible de l'objet celle des mouvements que sa présence excite dans le cœur du contemplateur » (chap. XVI).

LETTRE LV DE SAINT-PREUX À JULIE

[*Julie consent à recevoir Saint-Preux chez elle : c'est leur seconde nuit d'amour.*]

Oh! mourons, ma douce amie! mourons, la bien-aimée de mon cœur! Que faire désormais d'une jeunesse insipide dont nous avons épuisé toutes les délices? Explique-moi, si tu le peux, ce que j'ai senti dans cette nuit inconce-5 vable; donne-moi l'idée d'une vie ainsi passée, ou laisse-m'en quitter une qui n'a plus rien de ce que je viens d'éprouver avec toi. J'avais goûté le plaisir, et croyais concevoir le bonheur. Ah! je n'avais senti qu'un vain songe, et n'imaginais que le bonheur d'un enfant. Mes 10 sens abusaient mon âme grossière [1], je ne cherchais qu'en eux le bien suprême, et j'ai trouvé que leurs plaisirs épuisés n'étaient que le commencement des miens. [...]

Dis-moi, Julie, toi qui, d'après ta propre sensibilité, sais si bien juger de celle d'autrui, crois-tu que ce que je 15 sentais auparavant fût véritablement de l'amour? Mes sentiments, n'en doute pas, ont depuis hier changé de nature; ils ont pris je ne sais quoi de moins impétueux, mais de plus doux, de plus tendre et de plus charmant. Te souvient-il de cette heure entière que nous passâmes 20 à parler paisiblement de notre amour et de cet avenir obscur et redoutable par qui le présent nous était encore plus sensible; de cette heure, hélas! trop courte, dont une légère empreinte de tristesse rendit les entretiens si touchants? J'étais tranquille, et pourtant j'étais près 25 de toi : je t'adorais et ne désirais rien; je n'imaginais pas même une autre félicité que de sentir ainsi ton visage auprès du mien, ta respiration sur ma joue, et ton bras autour de mon cou. Quel calme dans tous mes sens! Quelle volupté pure, continue, universelle! Le charme 30 de la jouissance était dans l'âme; il n'en sortait plus, il durait toujours. Quelle différence des fureurs de l'amour à une situation si paisible! C'est la première fois de mes jours que je l'ai éprouvée auprès de toi; et cependant, juge du changement étrange que j'éprouve, c'est de toutes 35 les heures de ma vie celle qui m'est la plus chère, et la

---

1. Encore ignorante.

seule que j'aurais voulu prolonger éternellement. Julie,
dis-moi donc si je ne t'aimais point auparavant, ou si
maintenant je ne t'aime plus.

Si je ne t'aime plus? Quel doute! Ai-je donc cessé
40 d'exister? et ma vie n'est-elle pas plus dans ton cœur
que dans le mien? Je sens, je sens que tu m'es mille fois
plus chère que jamais, et j'ai trouvé dans mon abattement de nouvelles forces pour te chérir plus tendrement
encore. J'ai pris pour toi des sentiments plus paisibles,
45 il est vrai, mais plus affectueux et de plus de différentes
espèces; sans s'affaiblir, ils se sont multipliés : les dou-
ceurs de l'amitié tempèrent les emportements de
l'amour, et j'imagine à peine quelque sorte d'attachement
qui ne m'unisse pas à toi. O ma charmante maîtresse! ô
50 mon épouse, ma sœur, ma douce amie! que j'aurai peu
dit pour ce que je sens, après avoir épuisé tous les noms
les plus chers au cœur de l'homme!...

● **Un des sommets du roman : la seconde nuit d'amour de Julie et
de Saint-Preux**

Étrange début de ce récit d'un moment de plénitude : « Mourons ». Ces rapports de la chair et de l'esprit sont en effet à insérer
dans l'évolution du schéma romanesque et dans la conception
de l'Amour qui domine *La Nouvelle Héloïse* (cf. Denis de
Rougemont, *L'Amour et l'Occident*). Pas d'issue, sinon fatale, à
l'amour de Tristan et d'Iseult.
Ici, après ce moment parfait, qui ne se renouvellera pas, les
deux amants chercheront leur voie vers l'Amour pur et vertueux à travers sacrifices, victoires et faux pas. Mais la Mort
était la seule solution romanesque à un tel souci de perfection.

[*En dépit de l'insistance de Milord Édouard, M. d'Étange
refuse la main de sa fille à un roturier. Saint-Preux, désespéré,
doit s'éloigner.*]

DEUXIÈME PARTIE

LETTRE XIV DE SAINT-PREUX À JULIE

[*Victime des préjugés de la noblesse, Saint-Preux n'accepte pas la séparation. Il exprime sa révolte et son désespoir dans des lettres déchirantes qui font souffrir Julie. Puis il trouve en lui-même la force de se résigner, et il affirme sa soumission à la sagesse de Julie, ainsi que sa résolution d'imiter l'exemple de ses vertus. Milord Édouard profite du calme revenu pour emmener son ami à Paris (Lettres I à XIII).*]

* J'entre avec une secrète horreur dans ce vaste désert du monde. Ce chaos ne m'offre qu'une solitude affreuse où règne un morne silence. Mon âme à la presse [1] cherche à s'y répandre, et se trouve partout resserrée. « Je ne suis
5 jamais moins seul que quand je suis seul », disait un ancien [2] : moi, je ne suis seul que dans la foule, où je ne puis être ni à toi ni aux autres. Mon cœur voudrait parler, il sent qu'il n'est point écouté; il voudrait répondre, on ne lui dit rien qui puisse aller jusqu'à lui. Je n'entends
10 point la langue du pays, et personne ici n'entend la mienne.

Ce n'est pas qu'on ne me fasse beaucoup d'accueil, d'amitiés, de prévenances, et que mille soins officieux [3] n'y semblent voler au-devant de moi, mais c'est précisé-

---

* Sans prévenir le jugement du lecteur et celui de Julie sur ces relations, je crois pouvoir dire que si j'avais à les faire, et que je ne les fisse pas meilleures, je les ferais du moins fort différentes. J'ai été plusieurs fois sur le point de les ôter et d'en substituer de ma façon; enfin je les laisse, et je me vante de ce courage. Je me dis qu'un jeune homme de vingt-quatre ans entrant dans le monde ne doit pas le voir comme le voit un homme de cinquante à qui l'expérience n'a que trop appris à le connaître. Je me dis encore que, sans y avoir fait un fort grand rôle, je ne suis pourtant plus dans le cas d'en pouvoir parler avec impartialité. Laissons donc ces lettres comme elles sont; que les lieux communs usés restent, que les observations triviales restent; c'est un petit mal que tout cela; mais il importe à l'ami de la vérité que, jusqu'à la fin de sa vie, ses passions ne souillent point ses écrits.

1. *Presse*, au XVIIIe siècle, signifiait souvent : « multitude de personnes qui se pressent » (Littré). D'où l'expression : « être en presse » ou « être à la presse ». « On dit figurément qu'un homme est en presse pour dire qu'il est dans un état fâcheux, et dont il ne sait comment se retirer » (*Dict. Acad.*, 1762). D'ailleurs, Rousseau avait d'abord écrit : « Mon âme oppressée cherche vainement à s'y communiquer ».
2. Scipion l'Africain, cité par Cicéron dans le *De officiis* (début du livre III).
3. Dictés par le désir de rendre service.

15 ment de quoi je me plains. Le moyen d'être aussitôt l'ami
de quelqu'un qu'on n'a jamais vu? L'honnête intérêt
de l'humanité, l'épanchement simple et touchant d'une
âme franche, ont un langage bien différent des fausses
démonstrations de la politesse et des dehors trompeurs
20 que l'usage du monde exige. J'ai grand'peur que celui qui,
dès la première vue, me traite comme un ami de vingt ans,
ne me traitât, au bout de vingt ans, comme un inconnu,
si j'avais quelque important service à lui demander; et
quand je vois des hommes si dissipés prendre un intérêt
25 si tendre à tant de gens, je présumerais volontiers qu'ils
n'en prennent à personne.

Il y a pourtant de la réalité à tout cela; car le Français
est naturellement bon, ouvert, hospitalier, bienfaisant;
mais il y a aussi mille manières de parler qu'il ne faut
30 pas prendre à la lettre, mille offres apparentes qui ne sont
faites que pour être refusées, mille espèces de pièges que
la politesse tend à la bonne foi rustique [4]. Je n'entendis
jamais tant dire : « Comptez sur moi dans l'occasion,
disposez de mon crédit, de ma bourse, de ma maison,
35 de mon équipage. » Si tout cela était sincère et pris au mot,
il n'y aurait pas de peuple moins attaché à la propriété;
la communauté des biens serait ici presque établie : le plus
riche offrant sans cesse, et le plus pauvre acceptant toujours, tout se mettrait naturellement de niveau, et Sparte
40 même eût eu des partages moins égaux qu'ils ne seraient à
Paris. Au lieu de cela, c'est peut-être la ville du monde où
les fortunes sont le plus inégales, et où règnent à la fois la
plus somptueuse opulence et la plus déplorable misère.
Il n'en faut pas davantage pour comprendre ce que signi-
45 fient cette apparente commisération qui semble toujours
aller au-devant des besoins d'autrui, et cette facile tendresse de cœur qui contracte en un moment des amitiés
éternelles.

Au lieu de tous ces sentiments suspects et de cette
50 confiance trompeuse, veux-je chercher des lumières et
de l'instruction? C'en est ici l'aimable source, et l'on
est d'abord enchanté du savoir et de la raison qu'on

---

4. « Avant que l'art eût façonné nos manières et appris à nos passions à parler un langage
apprêté, nos mœurs étaient rustiques, mais naturelles » (Rousseau, *Discours sur le rétablissement des sciences.*).

trouve dans les entretiens, non seulement des savants et
des gens de lettres, mais des hommes de tous les états, et
55 même des femmes : le ton de la conversation y est coulant
et naturel; il n'est ni pesant ni frivole; il est savant sans
pédanterie, gai sans tumulte, poli sans affectation, galant
sans fadeur, badin sans équivoques. Ce ne sont ni des dissertations [5] ni des épigrammes : on y raisonne sans argu-
60 menter; on y plaisante sans jeux de mots; on y associe avec
art l'esprit et la raison, les maximes et les saillies [6], la satire
aiguë, l'adroite flatterie et la morale austère. On y parle
de tout pour que chacun ait quelque chose à dire; on
n'approfondit point les questions de peur d'ennuyer, on
65 les propose comme en passant, on les traite avec rapidité;
la précision mène à l'élégance; chacun dit son avis et
l'appuie en peu de mots; nul n'attaque avec chaleur celui
d'autrui, nul ne défend opiniâtrement le sien; on discute
pour s'éclairer, on s'arrête avant la dispute [7]; chacun
70 s'instruit, chacun s'amuse, tous s'en vont contents, et le
sage même peut rapporter de ces entretiens des sujets
dignes d'être médités en silence.

Mais au fond, que penses-tu qu'on apprenne dans ces
conversations si charmantes? A juger sainement des
75 choses du monde? à bien user de la société? à connaître
au moins les gens avec qui l'on vit? Rien de tout cela,
ma Julie. On y apprend à plaider avec art la cause du
mensonge, à ébranler à force de philosophie tous les
principes de la vertu, à colorer de sophismes subtils
80 ses passions et ses préjugés, et à donner à l'erreur un
certain tour à la mode selon les maximes du jour. Il n'est
point nécessaire de connaître le caractère des gens, mais
seulement leurs intérêts, pour deviner à peu près ce qu'ils
diront de chaque chose. Quand un homme parle, c'est
85 pour ainsi dire son habit et non pas lui qui a un sentiment;
et il en changera sans façon tout aussi souvent que d'état.
Donnez-lui tour à tour une longue perruque, un habit
d'ordonnance et une croix pectorale [8], vous l'entendrez

---

5. Discussions méthodiques.
6. Traits d'esprit brillants et spontanés.
7. Discussion. Mais « l'idée de querelle s'attache toujours à la dispute, tandis qu'elle n'est pas dans la discussion » (Littré).
8. Saint-Preux désigne ainsi successivement l'état parlementaire, l'état militaire, et l'état ecclésiastique.

successivement prêcher avec le même zèle les lois, le
90 despotisme, et l'inquisition. Il y a une raison commune
pour la robe, une autre pour la finance, une autre pour
l'épée. Chacune prouve très bien que les deux autres sont
mauvaises, conséquence facile à tirer pour les trois *.
Ainsi nul ne dit jamais ce qu'il pense, mais ce qu'il lui
95 convient de faire penser à autrui; et le zèle apparent de
la vérité n'est jamais en eux que le masque de l'intérêt.

Vous croiriez que les gens isolés qui vivent dans l'indépendance ont au moins un esprit à eux; point du tout;
autres machines qui ne pensent point, et qu'on fait penser
100 par ressorts. On n'a qu'à s'informer de leurs sociétés [9], de
leurs coteries, de leurs amis, des femmes qu'ils voient,
des auteurs qu'ils connaissent; là-dessus on peut d'avance
établir leur sentiment futur sur un livre prêt à paraître et
qu'ils n'ont point lu, sur une pièce prête à jouer et qu'ils
105 n'ont point vue, sur tel ou tel auteur qu'ils ne connaissent point, sur tel ou tel système dont ils n'ont aucune
idée; et comme la pendule ne se monte ordinairement
que pour vingt-quatre heures, tous ces gens-là s'en vont,
chaque soir, apprendre dans leurs sociétés ce qu'ils pen-
110 seront le lendemain.

Il y a ainsi un petit nombre d'hommes et de femmes
qui pensent pour tous les autres, et pour lesquels tous
les autres parlent et agissent; et comme chacun songe
à son intérêt, personne au bien commun, et que les intérêts
115 particuliers sont toujours opposés entre eux, c'est un
choc perpétuel de brigues et de cabales [10], un flux et reflux
de préjugés, d'opinions contraires, où les plus échauffés,
animés par les autres, ne savent presque jamais de quoi

---

* On doit passer ce raisonnement à un Suisse qui voit son pays fort bien gouverné, sans
qu'aucune des trois professions y soit établie. Quoi! l'État peut-il subsister sans défenseurs?
Non, il faut des défenseurs à l'État; mais tous les citoyens doivent être soldats par devoir,
aucun par métier. Les mêmes hommes, chez les Romains et chez les Grecs, étaient officiers
au camp, magistrats à la ville, et jamais ces deux fonctions ne furent mieux remplies que
quand on ne connaissait pas ces bizarres préjugés d'états qui les séparent et les déshonorent [11].

9. « Société littéraire : association de gens qui se réunissent pour cultiver les lettres »
(Littré).

10. « La brigue peut être purement individuelle, mais la cabale suppose un concours
de personnes » (Littré).

11. Rousseau, démocrate genevois, partisan d'un service obligatoire pour la défense
de la patrie, était en revanche très hostile au service volontaire d'officiers mercenaires au
profit des nations étrangères. Cette note où se révèle brusquement l'auteur du *Contrat
social* est d'insertion tardive.

il est question. Chaque coterie a ses règles, ses jugements,
ses principes, qui ne sont point admis ailleurs. L'honnête
homme d'une maison est un fripon dans la maison voi-
sine : le bon, le mauvais, le beau, le laid, la vérité, la
vertu, n'ont qu'une existence locale et circonscrite. Quiconque aime à se répandre et fréquente plusieurs sociétés
doit être plus flexible qu'Alcibiade [12], changer de principes comme d'assemblées, modifier son esprit pour ainsi
dire à chaque pas, et mesurer ses maximes à la toise : il
faut qu'à chaque visite il quitte en entrant son âme, s'il
en a une; qu'il en prenne une autre aux couleurs de la
maison, comme un laquais prend un habit de livrée; qu'il
la pose de même en sortant et reprenne, s'il veut, la sienne
jusqu'à nouvel échange.

Il y a plus; c'est que chacun se met sans cesse en contradiction avec lui-même, sans qu'on s'avise de le trouver
mauvais. On a des principes pour la conversation et
d'autres pour la pratique; leur opposition ne scandalise
personne, et l'on est convenu qu'ils ne se ressembleraient
point entre eux; on n'exige pas même d'un auteur, surtout
d'un moraliste, qu'il parle comme ses livres, ni qu'il
agisse comme il parle; ses écrits, ses discours, sa conduite,
sont trois choses toutes différentes, qu'il n'est point obligé
de concilier. En un mot, tout est absurde, et rien ne
choque, parce qu'on y est accoutumé; et il y a même à
cette inconséquence une sorte de bon air dont bien des
gens se font honneur. En effet, quoique tous prêchent avec
zèle les maximes de leur profession, tous se piquent
d'avoir le ton d'une autre. Le robin [13] prend l'air cavalier;
le financier fait le seigneur; l'évêque a le propos galant;
l'homme de cour parle de philosophie; l'homme d'État
de bel esprit; il n'y a pas jusqu'au simple artisan qui, ne
pouvant prendre un autre ton que le sien, se met en noir
les dimanches pour avoir l'air d'un homme de palais.
Les militaires seuls, dédaignant tous les autres états,
gardent sans façon le ton du leur, et sont insupportables
de bonne foi...

---

12. Allusion aux va-et-vient d'Alcibiade entre aristocrates et démocrates, au cours de
sa carrière politique à Athènes.
13. Homme de robe (péjoratif).

● **Les lettres sur Paris**

① Place des Lettres sur Paris dans le roman : « Un moment de la dialectique de ce roman à thèse » (Guyon), après l'évocation de la vie à Vevey et du voyage solitaire dans le Valais, et avant celle de l'existence paisible à Clarens.

② Rousseau réussit à transformer cette critique de la vie parisienne en une véritable création littéraire : cf. la note ajoutée par lui en tête de la lettre XIV, où il affirme qu'il a pu, à cinquante ans, redevenir dans ces lettres le Saint-Preux jeune, amoureux de Julie, et découvrant la capitale.

③ Références essentielles à cette critique de la vie mondaine : XVIIᵉ siècle : Molière *(Misanthrope)*, Pascal *(Divertissement)*, La Bruyère, La Rochefoucauld.
XVIIIᵉ siècle : Montesquieu *(Lettres persanes)*, Voltaire (Les *Contes*), Marivaux *(Vie de Marianne, Le paysan parvenu)*, Prévost, Le Sage.

④ Sens de cette analyse critique de la vie parisienne dans *la Nouvelle Héloïse* :
a) Position de Rousseau. Il n'a cessé d'osciller entre sociabilité et recherche de la solitude; il est désireux de s'insérer dans la vie littéraire et mondaine, car il n'est pas sans ambition, mais il n'y parvient pas dans cette société hypercivilisée, épris comme il l'est de sincérité et de vérité (la devise : *vitam impendere vero*) [1].
b) Le Monde et ses masques. Étude essentielle de R. Mauzi *(L'idée du bonheur au XVIIIᵉ siècle*, p. 89 à 94).
Le Monde : un milieu où l'homme, en s'y plongeant, revêt une autre nature. Il est obligé de porter un masque : masque de la condition sociale, de la vie mondaine (mode, snobisme...). Ainsi naît le drame de l'homme, écartelé dans sa dualité, le masque cachant, sans toujours le détruire, l'être profond, mais allant jusqu'à faire perdre la notion d'existence authentique. D'où les efforts de l'homme pour trouver un point fixe dans cette perpétuelle dérive : le salut religieux au XVIIᵉ siècle, le bonheur au XVIIIᵉ qui redonnerait la joie de vivre pleinement.

● **Analyse de la lettre XIV**

État psychologique de Saint-Preux au moment où il entre dans le Monde.
L'accueil dont il est l'objet : fausses démonstrations d'amitié.
Générosité des Parisiens; mais l'inégalité des conditions fausse tous les rapports.
Charme, ou plutôt dangers de la conversation dans les salons, où règnent le souci de l'intérêt personnel, le conformisme et l'imposture.
Il n'y a rien d'étonnant à être en perpétuelle contradiction avec soi-même; « beaucoup de masques », peu de « visages d'hommes ».

---

1. « Consacrer sa vie à la vérité. »

LETTRE XVII DE SAINT-PREUX À JULIE

[*Saint-Preux rend compte maintenant de ses sentiments sur le théâtre à Paris. Il tient les tragédies pour de purs exercices d'une vaine rhétorique. Quant à la comédie, elle pousse plus le peuple à imiter les vices des Grands que ceux-ci à s'en corriger.*]

[...] En général, il y a beaucoup de discours et peu d'action sur la scène française : peut-être est-ce qu'en effet le Français parle encore plus qu'il n'agit, ou du moins qu'il donne un bien plus grand prix à ce qu'on dit qu'à ce qu'on
5 fait. Quelqu'un disait, en sortant d'une pièce de Denys le Tyran : « Je n'ai rien vu, mais j'ai entendu force paroles [1]. » Voilà ce qu'on peut dire en sortant des pièces françaises. Racine et Corneille avec tout leur génie ne sont eux-mêmes que des parleurs ; et leur successeur [2] est le pre-
10 mier qui, à l'imitation des Anglais, ait osé mettre quelquefois la scène en représentation. Communément tout se passe en beaux dialogues bien agencés, bien ronflants, où l'on voit d'abord que le premier soin de chaque interlocuteur est toujours celui de briller. Presque tout s'énonce
15 en maximes générales. Quelque agités qu'ils puissent être, ils songent toujours plus au public qu'à eux-mêmes ; une sentence leur coûte moins qu'un sentiment : les pièces de Racine et de Molière * exceptées, le *je* est presque aussi scrupuleusement banni de la scène française que des écrits
20 de Port-Royal, et les passions humaines, aussi modestes que l'humilité chrétienne, n'y parlent jamais que par *on*. Il y a encore une certaine dignité maniérée dans le geste et dans le propos, qui ne permet jamais à la passion de

---

* Il ne faut point associer en ceci Molière à Racine ; car le premier est, comme tous les autres, plein de maximes et de sentences surtout dans ses pièces en vers. Mais chez Racine tout est sentiment : il a su faire parler chacun pour soi, et c'est en cela qu'il est vraiment unique parmi les auteurs dramatiques de sa nation [3].

1. Anecdote transmise par Plutarque (*Œuvres morales*, « Comment il faut ouïr », chap. VII).
2. Voltaire, qui, sous l'influence de Shakespeare, a introduit quelques innovations sur la scène française. Dans *Zaïre* (1732), l'héroïne est poignardée sous les yeux des spectateurs ; et surtout, dans *Brutus*, *La mort de César*, *Rome sauvée*, *Sémiramis* encore et *L'orphelin de la Chine* (1755), la mise en scène est enrichie par des tableaux, des apparitions, des spectacles terrifiants.
3. Note tardive qui montre que Rousseau tend à « identifier expression du moi et expression du sentiment » (B. Guyon).

parler exactement son langage, ni à l'auteur [4] de revêtir
25 son personnage et de se transporter au lieu de la scène [5],
mais le tient toujours enchaîné sur le théâtre et sous les
yeux des spectateurs. Aussi les situations les plus vives ne
lui font-elles jamais oublier un bel arrangement de phrases
ni des attitudes élégantes; et si le désespoir lui plonge un
30 poignard dans le cœur, non content d'observer la décence
en tombant comme Polyxène [6], il ne tombe point; la
décence le maintient debout après sa mort, et tous ceux qui
viennent d'expirer s'en retournent l'instant d'après sur
leurs jambes.

35   Tout cela vient de ce que le Français ne cherche point
sur la scène le naturel et l'illusion et n'y veut que de
l'esprit et des pensées; il fait cas de l'agrément et non de
l'imitation, et ne se soucie pas d'être séduit pourvu qu'on
l'amuse. Personne ne va au spectacle pour le plaisir du
40 spectacle, mais pour voir l'assemblée, pour en être vu,
pour ramasser de quoi fournir au caquet après la pièce; et l'on
ne songe à ce qu'on voit que pour savoir ce qu'on en dira.
L'acteur pour eux est toujours l'acteur, jamais le personnage qu'il représente. Cet homme qui parle en maître du
45 monde n'est point Auguste, c'est Baron; la veuve de Pompée est Adrienne; Alzire est mademoiselle Gaussin; et ce
fier sauvage est Grandval [7]. Les comédiens, de leur côté,
négligent entièrement l'illusion dont ils voient que personne ne se soucie. Ils placent les héros de l'antiquité entre
50 six rangs de jeunes Parisiens [8]; ils calquent les modes françaises sur l'habit romain; on voit Cornélie [9] en pleurs avec
deux doigts de rouge, Caton [10] poudré au blanc, et Brutus

---

4. Variante (peut-être préférable) : « ni à l'acteur ».

5. Au lieu où se déroule réellement l'action.

6. Dans l'*Hécube*, d'Euripide (v. 569), le messager rapporte que Polyxène, immolée par les Grecs sur le tombeau d'Achille, « quoique expirante, eut grand soin de tomber avec décence ».

7. Baron (1653-1729), qui avait été l'un des meilleurs acteurs de la troupe de Molière, et Adrienne Lecouvreur (1692-1730), respectivement dans les tragédies de Corneille *Cinna* et *La mort de Pompée*; Jeanne-Catherine Gaussin (1711-1767) et Grandval (1710-1784), qui interprétait le rôle d'un jeune chef indigène, Zamore, dans la tragédie de Voltaire, *Alzire* (1736). Ces quatre acteurs venaient d'être, ou étaient encore à la Comédie-Fran-çaise, lors du premier séjour de Rousseau à Paris (1731).

8. Allusion aux spectateurs installés sur des bancs de chaque côté de la scène. Ces places furent supprimées en avril 1759. Mais Rousseau n'a pas modifié son texte, puisque Saint-Preux est censé écrire plusieurs années avant cette date.

9. Nom de la veuve de Pompée.

10. Dans la pièce de Voltaire *Rome sauvée* (1752).

en panier [11]. Tout cela ne choque personne et ne fait rien
au succès des pièces : comme on ne voit que l'acteur dans
55 le personnage, on ne voit non plus que l'auteur dans le
drame, et si le costume est négligé, cela se pardonne aisément, car on sait bien que Corneille n'était pas tailleur, ni
Crébillon [12] perruquier.

Ainsi, de quelque sens qu'on envisage les choses, tout
60 n'est ici que babil, jargon, propos sans conséquence. Sur
la scène comme dans le monde, on a beau écouter ce qui
se dit, on n'apprend rien de ce qui se fait, et qu'a-t-on
besoin de l'apprendre? Sitôt qu'un homme a parlé, s'in-
forme-t-on de sa conduite? N'a-t-il pas tout fait? N'est-il

---

11. Dans *Brutus* (1730), ou encore *La Mort de César* (1743), pièces de Voltaire également.
Le panier, ou « tonnelet », était une sorte de jupon garni de baleines que les acteurs por-
taient comme les femmes de l'époque, pour soutenir leur costume.

12. Auteur tragique (1674-1762), rival de Voltaire. Son plus grand succès : *Rhadamiste
et Zénobie* (1711).

● **Rousseau et le théâtre**

Rousseau était un passionné de théâtre; il avait écrit plusieurs
pièces, dont la plus achevée est la comédie *Narcisse*, jouée sans
succès, et publiée en 1752. De plus, au cours des années où il
voyait souvent Diderot, celui-ci, dans son désir de renouveler tota-
lement le théâtre, construisait sa théorie du drame bourgeois
(cf. *Dorval et moi*, 1757; *Discours sur la poésie dramatique*, 1758);
et l'on peut penser que les deux amis avaient échangé leurs points
de vue sur l'art dramatique. Cette lettre est donc le fruit d'une
certaine expérience, et de réflexions longuement mûries. Rousseau
y esquisse déjà plusieurs points de l'argumentation qu'il déve-
loppera dans la *Lettre à d'Alembert sur les spectacles* (1758), rédigée
un an plus tard environ (où il se placera plus nettement sur le terrain de l'utilité publique et de la morale).
Quels sont donc les griefs formulés par Rousseau contre le théâtre
classique (Montesquieu avait ouvert la voie dans la *Lettre Per-
sane XXVIII*)? Ils lui sont essentiellement dictés par une exigence
de *vérité*. Pour l'auteur des *Confessions*, la substitution du « on »
au « je » est une première atteinte à l'authenticité. Le « bavar-
dage » remplace trop souvent l'action, plus profondément révéla-
trice de la personnalité. Enfin, le mépris de la mise en scène va
contre tout réalisme de la représentation (cf. plus tard la précision de la mise en scène dans les drames de Hugo).
Esquisse d'une contre-attaque : l'illusion scénique préconisée par
les écrivains du XVIIIe siècle permet-elle vraiment, mieux que le
théâtre classique, d'atteindre la vérité humaine?

[65] pas jugé? L'honnête homme d'ici n'est point celui qui fait de bonnes actions, mais celui qui dit de belles choses; et un seul propos inconsidéré, lâché sans réflexion, peut faire à celui qui le tient un tort irréparable que n'efface-raient pas quarante ans d'intégrité. En un mot, bien que [70] les œuvres des hommes ne ressemblent guère à leurs dis-cours, je vois qu'on ne les peint que par leurs discours, sans égard à leurs œuvres; je vois aussi que dans une grande ville la société paraît plus douce, plus facile, plus sûre même que parmi des gens moins étudiés [13]; mais les [75] hommes y sont-ils en effet [14] plus humains, plus modérés, plus justes? Je n'en sais rien. Ce ne sont encore là que des apparences; et sous ces dehors si ouverts et si agréables, les cœurs sont peut-être plus cachés, plus enfoncés en dedans que les nôtres. Étranger, isolé, sans affaires, sans [80] liaisons, sans plaisirs, et ne voulant m'en rapporter qu'à moi, le moyen de pouvoir prononcer?

Cependant je commence à sentir l'ivresse où cette vie agitée et tumultueuse plonge ceux qui la mènent, et je tombe dans un étourdissement semblable à celui d'un [85] homme aux yeux duquel on fait passer rapidement une multitude d'objets. Aucun de ceux qui me frappent n'attache mon cœur, mais tous ensemble en troublent et suspendent les affections, au point d'en oublier quelques instants ce que je suis et à qui je suis. Chaque jour en sor-[90] tant de chez moi j'enferme mes sentiments sous la clef, pour en prendre d'autres qui se prêtent aux frivoles objets qui m'attendent. Insensiblement je juge et raisonne comme j'entends juger et raisonner tout le monde. Si quelquefois j'essaye de secouer les préjugés et de voir les choses comme [95] elles sont, à l'instant je suis écrasé d'un certain verbiage qui ressemble beaucoup à du raisonnement. On me prouve avec évidence qu'il n'y a que le demi-philosophe qui regarde à la réalité des choses; que le vrai sage ne les consi-dère que par les apparences; qu'il doit prendre les préjugés [100] pour principes, les bienséances pour lois, et que la plus sublime sagesse consiste à vivre comme les fous.

Forcé de changer ainsi l'ordre de mes affections morales, forcé de donner un prix à des chimères, et d'im-

---

13. Plus naturels.
14. En réalité.

105 poser silence à la nature et à la raison, je vois ainsi défigurer ce divin modèle que je porte au dedans de moi, et qui servait à la fois d'objet à mes désirs et de règle à mes actions; je flotte de caprice en caprice; et mes goûts étant sans cesse asservis à l'opinion, je ne puis être sûr un seul jour de ce que j'aimerai le lendemain.

110 Confus, humilié, consterné [15], de sentir dégrader en moi la nature de l'homme, et de me voir ravalé si bas de cette grandeur intérieure où nos cœurs enflammés s'élevaient réciproquement, je reviens le soir, pénétré d'une secrète tristesse, accablé d'un dégoût mortel, et le cœur vide 115 et gonflé comme un ballon rempli d'air. O amour! ô purs sentiments que je tiens de lui!... Avec quel charme je rentre en moi-même! Avec quel transport j'y retrouve encore mes premières affections et ma première dignité! Combien je m'applaudis d'y revoir briller dans tout son 120 éclat l'image de la vertu, d'y contempler la tienne, ô Julie, assise sur un trône de gloire et dissipant d'un souffle tous ces prestiges! Je sens respirer mon âme oppressée, je crois avoir recouvré mon existence et ma vie, et je reprends avec mon amour tous les sentiments sublimes 125 qui le rendent digne de son objet.

---

15. « Frappé d'une épouvante mêlée d'abattement. » (Littré).

● **Le vide de l'âme dans la vie mondaine**

① Notons d'abord, à propos de cette lettre, la variété des tons ; Saint-Preux passe, avec naturel, de la satire à la lamentation lyrique, et de celle-ci à un acte de foi en l'amour (où se glissent toutefois des métaphores précieuses que ne renierait pas l'entourage parisien qu'il critique...).

② Le dernier paragraphe est encore une plainte sur l'authenticité difficile dans la vie parisienne, source de perpétuel divertissement; d'où cette sensation de vide, qu'éprouvera et dépeindra Baudelaire (cf. l'*Examen de Minuit* dans *Les fleurs du mal*, et *A une heure du matin* dans les *Petits poèmes en prose*). Tout Rousseau est dans le désarroi de Saint-Preux.

TROISIÈME PARTIE

[*Madame d'Étange a découvert la cachette où Julie conservait les lettres de Saint-Preux ; et Julie doit demander à son amant de ne plus lui écrire. Peu de temps après, elle lui apprend le décès de sa mère, s'accuse d'en être la cause. C'est donc un dernier adieu qu'elle lui écrit, s'engageant à l'oublier. Il se soumet à sa volonté, et c'est à Claire qu'il s'adresse.*]

Enfin le voile est déchiré; cette longue illusion s'est évanouie; cet espoir si doux s'est éteint; il ne me reste pour aliment d'une flamme éternelle qu'un souvenir amer et délicieux qui soutient ma vie et nourrit mes tourments
⁵ du vain sentiment d'un bonheur qui n'est plus.

Est-il donc vrai que j'ai goûté la félicité suprême? Suis-je bien le même être qui fut heureux un jour? Qui ¹ peut sentir ce que je souffre n'est-il pas né pour toujours souffrir? Qui put jouir des biens que j'ai perdus peut-il
¹⁰ les perdre et vivre encore, et des sentiments si contraires peuvent-ils germer dans un même cœur? Jours de plaisir et de gloire, non, vous n'étiez pas d'un mortel; vous étiez trop beaux pour devoir être périssables. Une douce extase absorbait toute votre durée, et la rassemblait en
¹⁵ un point comme celle de l'éternité. Il n'y avait pour moi ni passé ni avenir, et je goûtais à la fois les délices de mille siècles. Hélas! vous avez disparu comme un éclair. Cette éternité de bonheur ne fut qu'un instant de ma vie. Le temps a repris sa lenteur dans les moments de mon
²⁰ désespoir, et l'ennui mesure par longues années le reste infortuné de mes jours.

Pour achever de me les rendre insupportables, plus les afflictions m'accablent, plus tout ce qui m'était cher semble se détacher de moi. Madame, il se peut que vous
²⁵ m'aimiez encore; mais d'autres soins vous appellent, d'autres devoirs vous occupent. Mes plaintes que vous

---

1. Celui qui.

écoutiez avec intérêt sont maintenant indiscrètes. Julie,
Julie elle-même se décourage et m'abandonne. Les tristes
remords ont chassé l'amour. Tout est changé pour moi;
30 mon cœur seul est toujours le même, et mon sort en est
plus affreux.

Mais qu'importe ce que je suis et ce que je dois être?
Julie souffre, est-il temps de songer à moi? Ah! ce sont
ses peines qui rendent les miennes plus amères. Oui,
35 j'aimerais mieux qu'elle cessât de m'aimer et qu'elle fût
heureuse... Cesser de m'aimer!... l'espère-t-elle?... Jamais,
jamais. Elle a beau me défendre de la voir et de lui écrire.
Ce n'est pas le tourment qu'elle s'ôte; hélas! c'est le conso-
lateur. La perte d'une tendre mère la doit-elle priver d'un
40 plus tendre ami? Croit-elle soulager ses maux en les
multipliant? O amour! est-ce à tes dépens qu'on peut
venger la nature?

Non, non; c'est en vain qu'elle prétend m'oublier. Son
tendre cœur pourra-t-il se séparer du mien? Ne le retiens-
45 je pas en dépit d'elle? Oublie-t-on des sentiments tels
que nous les avons éprouvés, et peut-on s'en souvenir
sans les éprouver encore? L'amour vainqueur fit le malheur de sa vie; l'amour vaincu ne la rendra que plus à
plaindre. Elle passera ses jours dans la douleur, tourmen-
50 tée à la fois de vains regrets et de vains désirs, sans pouvoir
jamais contenter ni l'amour ni la vertu.

Ne croyez pas pourtant qu'en plaignant ses erreurs je
me dispense de les respecter. Après tant de sacrifices, il
est trop tard pour apprendre à désobéir. Puisqu'elle com-
55 mande, il suffit; elle n'entendra plus parler de moi. Jugez
si mon sort est affreux. Mon plus grand désespoir n'est
pas de renoncer à elle. Ah! c'est dans son cœur que sont
mes douleurs les plus vives, et je suis plus malheureux de
son infortune que de la mienne. Vous qu'elle aime plus
60 que toute chose, et qui seule, après moi, la savez dignement aimer, Claire, aimable Claire, vous êtes l'unique bien
qui lui reste. Il est assez précieux pour lui rendre supportable la perte de tous les autres. Dédommagez-la des
consolations qui lui sont ôtées et de celles qu'elle refuse;
65 qu'une sainte amitié supplée à la fois auprès d'elle à la
tendresse d'une mère, à celle d'un amant, aux charmes de
tous les sentiments qui devaient la rendre heureuse.
Qu'elle le soit, s'il est possible, à quelque prix que ce

70 puisse être. Qu'elle recouvre la paix et le repos dont je l'ai privée; je sentirai moins les tourments qu'elle m'a laissés. Puisque je ne suis plus rien à mes propres yeux, puisque c'est mon sort de passer ma vie à mourir pour elle, qu'elle me regarde comme n'étant plus; j'y consens si cette idée la rend plus tranquille. Puisse-t-elle retrouver

---

Cette troisième partie nous mène de la fin de la période de jeunesse des deux amants, de leur amour heureux et persécuté au mariage de Julie, au départ de Saint-Preux, et à la sérénité de la vie à Clarens, qui sera décrite dans la quatrième partie. La lettre XVIII domine les deux versants de l'œuvre.

● **Lettre VI**

Cette lettre, conçue comme un monologue tragique (vive admiration de Rousseau, dans la *Lettre à d'Alembert*, pour la *Bérénice* de Racine), est capitale pour comprendre l'entreprise spirituelle et poétique du romancier.

① Un des thèmes essentiels de l'œuvre est la lutte contre le Temps. Par le drame de la découverte des lettres, « le voile est déchiré », « l'illusion s'est évanouie ». Sans Julie, le présent est vide, purement négatif, pour Saint-Preux en proie aux remords et à l'ennui, alors que l'intensité passionnelle lui donnait une impression de plénitude. Invoquant leurs jours « de plaisir et de gloire », « une douce extase, dit-il, absorbait toute votre durée, et la rassemblait en un point comme celle de l'éternité. » (Relire la Ve *Rêverie;* Rousseau, comme hors du temps, jouit de son bonheur au bord du lac). Mais « le souvenir amer et délicieux » ne peut-il étendre à toute une vie cette impression d'éternité bienheureuse? C'est à cette victoire qu'après bien des luttes aboutira le roman.

② Un autre thème majeur de l'œuvre s'exprime dans ce vœu de Saint-Preux que tourmente la douleur de Julie : « Qu'elle recouvre la paix et le repos dont je l'ai privée. » Ces mots reviennent sans cesse dans le roman, traduisant l'aspiration à la sérénité de cette âme passionnée. On peut évoquer *La princesse de Clèves* : Mme de Clèves renonçant à Nemours pour trouver le repos, une fois la passion dominée, et par là même hors des dégradations de la vie. Solution peu humaine peut-être; d'ailleurs Saint-Preux souhaite-t-il vraiment à Julie un repos qui serait oubli, et donc renoncement au bonheur passé? La lettre suivante précisera cette conception de l'Amour dans *La Nouvelle Héloïse*.

③ « Un feu si pur n'a point produit de si noirs effets. » Et pourtant Mme d'Étange semble bien mourir de l'aventure de sa fille. « Cette lettre s'achève par une question métaphysique. Et la plus grave. Le mal peut-il naître du bien? Faut-il condamner l'amour? Le « Ciel » est mis en question » (B. Guyon).

75 près de vous ses premières vertus, son premier bonheur!
Puisse-t-elle être encore par vos soins tout ce qu'elle eût
été sans moi!

Hélas! elle était fille, et n'a plus de mère! Voilà la perte
qui ne se répare point, et dont on ne se console jamais
80 quand on a pu se la reprocher. Sa conscience agitée lui
redemande cette mère tendre et chérie, et dans une douleur
si cruelle l'horrible remords se joint à son affliction. O
Julie! ce sentiment affreux devait-il être connu de toi?
Vous qui fûtes témoin de la maladie et des derniers mo-
85 ments de cette mère infortunée, je vous supplie, je vous
conjure, dites-moi ce que j'en dois croire. Déchirez-moi le
cœur si je suis coupable. Si la douleur de nos fautes l'a
fait descendre au tombeau, nous sommes deux monstres
indignes de vivre; c'est un crime de songer à des liens si
90 funestes, c'en est un de voir le jour. Non, j'ose le croire, un
feu si pur n'a point produit de si noirs effets. L'amour
nous inspira des sentiments trop nobles pour en tirer les
forfaits des âmes dénaturées. Le ciel, le ciel serait-il injuste,
et celle qui sut immoler son bonheur aux auteurs de ses
95 jours méritait-elle de leur coûter la vie?

LETTRE VII DE MADAME D'ORBE À SAINT-PREUX

[*Claire répond en félicitant d'abord Saint-Preux de sa
générosité.*]

... En renonçant à Julie, vous achetez son repos aux
dépens du vôtre, et c'est à vous que vous renoncez pour
elle.

J'ose à peine vous dire les bizarres idées qui me vien-
5 nent là-dessus; mais elles sont consolantes, et cela m'en-
hardit. Premièrement, je crois que le véritable amour a
cet avantage aussi bien que la vertu, qu'il dédommage
de tout ce qu'on lui sacrifie, et qu'on jouit en quelque
sorte des privations qu'on s'impose par le sentiment
10 même de ce qu'il en coûte, et du motif qui nous y porte.
Vous vous témoignerez[1] que Julie a été aimée de vous

---

1. Vous témoignerez à vous-même.

comme elle méritait de l'être, et vous l'en aimerez davantage, et vous en serez plus heureux. Cet amour-propre
exquis qui sait payer toutes les vertus pénibles mêlera
15 son charme à celui de l'amour. Vous vous direz : « Je sais
aimer », avec un plaisir plus durable et plus délicat que
vous n'en goûteriez à dire : « Je possède ce que j'aime »;
car celui-ci s'use à force d'en jouir; mais l'autre demeure
toujours, et vous en jouiriez encore quand même vous
20 n'aimeriez plus.

Outre cela, s'il est vrai, comme Julie et vous me l'avez
tant dit, que l'amour soit le plus délicieux sentiment qui
puisse entrer dans le cœur humain, tout ce qui le prolonge
et le fixe, même au prix de mille douleurs, est encore un
25 bien. Si l'amour est un désir qui s'irrite par les obstacles,
comme vous le disiez encore, il n'est pas bon qu'il soit
content [2]; il vaut mieux qu'il dure et soit malheureux, que
de s'éteindre au sein des plaisirs. Vos feux, je l'avoue, ont
soutenu l'épreuve de la possession, celle du temps, celle
30 de l'absence et des peines de toute espèce; ils ont vaincu
tous les obstacles, hors le plus puissant de tous, qui est
de n'en avoir plus à craindre, et de se nourrir uniquement
d'eux-mêmes. L'univers n'a jamais vu de passion soutenir
cette épreuve; quel droit avez-vous d'espérer que la vôtre
35 l'eût soutenue ? Le temps eût joint au dégoût d'une longue
possession le progrès de l'âge et le déclin de la beauté :
il semble se fixer en votre faveur par votre séparation :
vous serez toujours l'un pour l'autre à la fleur des ans;
vous vous verrez sans cesse tels que vous vous vîtes en
40 vous quittant; et vos cœurs, unis jusqu'au tombeau,
prolongeront dans une illusion charmante votre jeunesse
avec vos amours.

Si vous n'eussiez point été heureux, une insurmontable
inquiétude [3] pourrait vous tourmenter; votre cœur regret-
45 terait, en soupirant, les biens dont il était digne; votre
ardente imagination vous demanderait sans cesse ceux que
vous n'auriez pas obtenus. Mais l'amour n'a point de
délices dont il ne vous ait comblé, et, pour parler comme
vous, vous avez épuisé durant une année les plaisirs d'une
50 vie entière. Souvenez-vous de cette lettre si passionnée,

---

2. Satisfait.
3. Absence de repos.

écrite le lendemain d'un rendez-vous téméraire[4]. Je l'ai lue avec une émotion qui m'était inconnue : on n'y voit pas l'état permanent d'une âme attendrie, mais le dernier délire d'un cœur brûlant d'amour et ivre de volupté. Vous
55 jugeâtes vous-même qu'on n'éprouvait point de pareils transports deux fois en la vie, et qu'il fallait mourir après les avoir sentis. Mon ami, ce fut là le comble; et, quoique la fortune et l'amour eussent fait pour vous, vos feux et votre bonheur ne pouvaient plus que décliner. Cet instant
60 fut aussi le commencement de vos disgrâces, et votre amante vous fut ôtée au moment que vous n'aviez plus de sentiments nouveaux à goûter auprès d'elle; comme si le sort eût voulu garantir votre cœur d'un épuisement inévitable, et vous laisser dans le souvenir de vos plaisirs passés
65 un plaisir plus doux que tous ceux dont vous pourriez jouir encore.

Consolez-vous donc de la perte d'un bien qui vous eût toujours échappé, et vous eût ravi de plus celui qui vous reste. Le bonheur et l'amour se seraient évanouis à la fois;
70 vous avez au moins conservé le sentiment : on n'est point sans plaisirs quand on aime encore. L'image de l'amour

---

4. C'est la lettre LV de la première partie.

● **Permanence du véritable amour**

Dans sa réponse à Saint-Preux, Claire précise, en la portant à l'extrême, une conception exigeante de l'amour et du bonheur.

① En renonçant à Julie, Saint-Preux fait preuve d'un « amour-propre exquis », d'une générosité cornélienne, puisque mieux vaut dire : « Je sais aimer » que « Je possède ce que j'aime. »

② Conception généreuse, mais conception pessimiste aussi; neuve sans doute dans la littérature contemporaine de Rousseau; Mme de Clèves, cependant, est encore ici toute proche, avec ses craintes et son refus.
Toute cette partie de la lettre est en effet sous le signe de la dégradation de toutes les choses humaines, incompatible avec la perfection de l'amour. Une longue possession aboutit à la lassitude; la séparation, en revanche, comme l'attente ou l'absence, entretient le désir, et, par le souvenir, fixe le bonheur passé pour l'éternité. (Lire, dans Proust, les dernières pages d'*Un amour de Swann*.)

éteint effraye plus un cœur tendre que celle de l'amour malheureux, et le dégoût de ce qu'on possède est un état cent fois pire que le regret de ce qu'on a perdu...

[*M. d'Étange veut marier sa fille à M. de Wolmar : elle lui avoue qu'elle s'est engagée auprès de Saint-Preux à ne pas se marier sans son autorisation. Son père la force à demander cette autorisation : Saint-Preux la donne, au terme d'une lettre vengeresse au baron :*
« *Je rends à Julie d'Étange le droit de disposer d'elle-même, et de donner sa main sans consulter son cœur.* »]

LETTRE XIV DE MADAME D'ORBE À JULIE

[*Julie voit sa santé ébranlée par tant de secousses. Elle tombe malade. Dans son délire, elle croit entrevoir Saint-Preux à son chevet, et, guérie, ce qu'elle croit un rêve l'agite encore. Alors Claire lui dit tout : Saint-Preux est accouru à Vevey; Claire et son mari lui ont donné accès à la chambre de Julie... (Lettres XIII et XIV).*]

... M. d'Orbe arriva sur les onze heures, et me dit qu'il avait laissé ton ami dans la rue : je l'allai chercher. Je le pris par la main; il tremblait comme la feuille. En passant dans l'antichambre les forces lui manquèrent;
5 il respirait avec peine, et fut contraint de s'asseoir.
Alors, démêlant quelques objets à la faible lueur d'une lumière éloignée : « Oui, dit-il avec un profond soupir, je reconnais les mêmes lieux. Une fois en ma vie je les ai traversés... à la même heure... avec le même mystère [1]...
10 j'étais tremblant comme aujourd'hui... le cœur me palpitait de même... O téméraire! j'étais mortel, et j'osais goûter... Que vais-je voir maintenant dans ce même objet [2] qui faisait et partageait mes transports? L'image du trépas, un appareil de douleur, la vertu malheureuse et la
15 beauté mourante! »

---

1. Lorsqu'il était venu au rendez-vous que Julie lui avait fixé dans sa chambre.
2. Personne aimée.

Chère cousine, j'épargne à ton pauvre cœur le détail
de cette attendrissante scène. Il te vit, et se tut; il l'avait
promis : mais quel silence! il se jeta à genoux; il baisait
tes rideaux en sanglotant; il élevait les mains et les yeux;
20 il poussait de sourds gémissements; il avait peine à contenir sa douleur et ses cris. Sans le voir, tu sortis machina-
lement une de tes mains; il s'en saisit avec une espèce
de fureur; les baisers de feu qu'il appliquait sur cette main
malade t'éveillèrent mieux que le bruit et la voix de tout
25 ce qui t'environnait. Je vis que tu l'avais reconnu; et,
malgré sa résistance et ses plaintes, je l'arrachai de la
chambre à l'instant, espérant éluder [3] l'idée d'une si courte

---

3. Combattre adroitement.

● **« L'inoculation de l'amour »**

De 1734 à 1761, la pratique de l'inoculation (voir note 7) se répan-
dait peu à peu, bien que son efficacité fût souvent discutée. Voltaire en avait fait l'apologie dans sa XIe *lettre philosophique;* Diderot en était un ferme partisan; mais d'Alembert se montrait
réticent. L'article « Inoculation » de l'*Encyclopédie* rédigé par
le Dr Tronchin est de 1757.
Dans « cette atmosphère nocturne, fantastique, où agissent des
forces incontrôlables » (B. Guyon), l'expression de Rousseau
prend tout son sens : il s'agit, pour Saint-Preux, du désir passionné de suivre l'être aimé jusque dans la mort.

① Remarquez la composition soignée de la scène, qui a d'ailleurs
été choisie comme sujet d'une estampe.

② Elle est animée par les manifestations de Saint-Preux, qui
peuvent nous sembler excessives, mais qui sont les réactions d'une
âme « sensible » au XVIIIe siècle.

③ Même vivacité passionnée et haletante dans les paroles de
Saint-Preux.
« La sensibilité est cette disponibilité totale qui résulte de
l'absence de toute complexité. Il n'existe aucune réticence,
aucune ambiguïté, aucune pensée de derrière dans une âme vertueuse : les impulsions de la nature, les actes de la raison, les
revendications de la conscience, tout converge et se mêle. C'est ce
qui explique la prodigieuse puissance de certains attendrisse-
ments et les miracles qui en émergent. » (R. Mauzi : *L'idée du
bonheur au XVIIIe siècle,* p. 616).

apparition par le prétexte du délire. Mais voyant ensuite
que tu n'en disais rien, je crus que tu l'avais oubliée; je
30 défendis à Babi [4] de t'en parler, et je sais qu'elle m'a tenu
parole. Vaine prudence que l'amour a déconcertée [5], et qui
n'a fait que laisser fermenter [6] un souvenir qu'il n'est plus
temps d'effacer!

Il partit comme il l'avait promis, et je lui fis jurer qu'il
35 ne s'arrêterait pas au voisinage. Mais, ma chère, ce n'est
pas tout; il faut achever de te dire ce qu'aussi bien tu ne
pourrais ignorer longtemps. Milord Édouard passa deux
jours après : il se pressa pour l'atteindre; il le joignit à
Dijon, et le trouva malade. L'infortuné avait gagné la
40 petite vérole. Il m'avait caché qu'il ne l'avait point eue,
et je te l'avais mené sans précaution. Ne pouvant guérir
ton mal, il le voulut partager. En me rappelant la manière
dont il baisait ta main, je ne puis douter qu'il ne se soit
inoculé volontairement. On ne pouvait être plus mal
45 préparé; mais c'était l'inoculation [7] de l'amour, elle fut
heureuse. Ce père de la vie l'a conservé au plus tendre
amant qui fut jamais : il est guéri; et, suivant la dernière
lettre de milord Édouard, ils doivent être actuellement
repartis pour Paris...

LETTRE XVIII DE JULIE À SAINT-PREUX

*[Julie cède à la preuve d'amour qui vient de lui être donnée ;
elle écrit à Saint-Preux : elle l'aime toujours, malgré le mariage
où la contraint son respect pour son père. Et soudain, à un Saint-
Preux partagé entre le bonheur d'être aimé et la fureur contre
les obstacles qui le séparent de sa maîtresse, parvient la fatale
nouvelle : Julie est mariée (Lettres XV à XVII).*
*Du temps s'étant écoulé, il faut faire le point ; et pour cela,
d'abord revenir en arrière. Julie refait l'histoire de sa liaison
avec Saint-Preux, et de ses sentiments. C'est en vain qu'elle a
lutté, et sa défaite lui a valu d'être profondément malheureuse,
par regret de la vertu. La dernière crise fut la plus cruelle et la*

---

4. La femme de chambre.
5. Premier sens : « Troubler un concert. » Ici : « déjouer ».
6. Fermentation : « Fig. Agitation des esprits » (Littré).
7. « Action de communiquer artificiellement une maladie contagieuse, en en introduisant le principe matériel dans le corps » (Littré). Cette sorte de vaccination se faisait alors de personne à personne.

plus dangereuse : l'autorisation de se marier donnée par Saint-Preux, et « l'inoculation de l'amour » ravivèrent sa passion. « Dans l'instant même où j'étais prête à jurer à un autre une éternelle fidélité, mon cœur vous jurait encore un amour éternel, et je fus menée au temple comme une victime impure, qui souille le sacrifice où l'on va l'immoler. »]

... Arrivée à l'église, je sentis en entrant une sorte d'émotion que je n'avais jamais éprouvée. Je ne sais quelle terreur vint saisir mon âme dans ce lieu simple et auguste, tout rempli de la majesté de celui qu'on y sert. Une frayeur
5 soudaine me fit frissonner; tremblante et prête à tomber en défaillance, j'eus peine à me traîner jusqu'au pied de la chaire. Loin de me remettre, je sentis mon trouble augmenter durant la cérémonie, et s'il me laissait apercevoir les objets, c'était pour en être épouvantée. Le jour sombre
10 de l'édifice, le profond silence des spectateurs, leur maintien modeste et recueilli, le cortège de tous mes parents, l'imposant aspect de mon vénéré père, tout donnait à ce qui s'allait passer un air de solennité qui m'excitait à l'attention et au respect, et qui m'eût fait frémir à la seule
15 idée d'un parjure. Je crus voir l'organe de la Providence et entendre la voix de Dieu dans le ministre prononçant gravement la sainte liturgie. La pureté, la dignité, la sainteté du mariage, si vivement exposées dans les paroles de l'Écriture, ses chastes et sublimes devoirs si importants
20 au bonheur, à l'ordre, à la paix, à la durée du genre humain, si doux à remplir pour eux-mêmes; tout cela me fit une telle impression, que je crus sentir intérieurement une révolution subite. Une puissance inconnue sembla corriger tout à coup le désordre de mes affections et les
25 rétablir selon la loi du devoir et de la nature. L'œil éternel qui voit tout, disais-je en moi-même, lit maintenant au fond de mon cœur; il compare ma volonté cachée à la réponse de ma bouche : le ciel et la terre sont témoins de l'engagement sacré que je prends; ils le seront encore de
30 ma fidélité à l'observer. Quel droit peut respecter parmi les hommes quiconque ose violer le premier de tous ?

Un coup d'œil jeté par hasard sur M. et Mme d'Orbe, que je vis à côté l'un de l'autre et fixant sur moi des yeux attendris, m'émut plus puissamment encore que n'avaient
35 fait tous les autres objets. Aimable et vertueux couple,

pour moins connaître l'amour, en êtes-vous moins unis?
Le devoir et l'honnêteté vous lient : tendres amis, époux
fidèles, sans brûler de ce feu dévorant qui consume l'âme,
vous vous aimez d'un sentiment pur et doux qui la nourrit,
40 que la sagesse autorise et que la raison dirige; vous n'en
êtes que plus solidement heureux. Ah! puissé-je dans un
lien pareil recouvrer la même innocence, et jouir du même
bonheur! Si je ne l'ai pas mérité comme vous, je m'en ren-
drai digne à votre exemple. Ces sentiments réveillèrent
45 mon espérance et mon courage. J'envisageai le saint nœud
que j'allais former comme un nouvel état qui devait
purifier mon âme et la rendre à tous ses devoirs. Quand le
pasteur me demanda si je promettais obéissance et fidélité
parfaite à celui que j'acceptais pour époux, ma bouche et
50 mon cœur le promirent. Je le tiendrai jusqu'à la mort.

De retour au logis, je soupirais après une heure de
solitude et de recueillement. Je l'obtins, non sans peine;
et quelque empressement que j'eusse d'en profiter, je ne
m'examinai d'abord qu'avec répugnance, craignant de
55 n'avoir éprouvé qu'une fermentation [1] passagère en chan-
geant de condition, et de me retrouver aussi peu digne
épouse que j'avais été fille peu sage. L'épreuve était sûre [2],
mais dangereuse. Je commençai par songer à vous. Je me
rendais le témoignage que nul tendre souvenir n'avait pro-
60 fané l'engagement solennel que je venais de prendre. Je
ne pouvais concevoir par quel prodige votre opiniâtre
image m'avait pu laisser si longtemps en paix avec tant de
sujets de me la rappeler [3]; je me serais défiée de l'indifférence et de l'oubli, comme d'un état trompeur qui m'était
65 trop peu naturel pour être durable. Cette illusion n'était
guère à craindre; je sentis que je vous aimais autant et
plus peut-être que je n'avais jamais fait; mais je le sentis
sans rougir. Je vis que je n'avais pas besoin pour penser à
vous d'oublier que j'étais la femme d'un autre. En me di-
70 sant combien vous m'étiez cher, mon cœur était ému, mais
ma conscience et mes sens [4] étaient tranquilles; et je con-

---

1. Cf. p. 50, note 6.
2. La mise à l'épreuve, que représente cet examen de conscience, ne pouvait être que
concluante.
3. Alors que j'avais tant de raisons de me la rappeler.
4. « Et mes sens » : ces trois mots manquent dans un manuscrit, malgré leur importance.

nus dès ce moment que j'étais réellement changée. Quel torrent de pure joie vint alors inonder mon âme! Quel sentiment de paix, effacé depuis si longtemps, vint ranimer ce
75 cœur flétri par l'ignominie [5], et répandre dans tout mon être une sérénité nouvelle! Je crus me sentir renaître; je crus recommencer une autre vie. Douce et consolante vertu, je la recommence pour toi; c'est toi qui me la rendras chère; c'est à toi que je la veux consacrer. Ah! j'ai
80 trop appris ce qu'il en coûte à te perdre, pour t'abandonner une seconde fois! [...]

Adorez l'Être éternel, mon digne et sage ami; d'un souffle vous détruirez ces fantômes de raison qui n'ont qu'une vaine apparence, et fuient comme une ombre
85 devant l'immuable vérité. Rien n'existe que par celui qui est [6]. C'est lui qui donne un but à la justice, une base à la vertu, un prix à cette courte vie employée à lui plaire; c'est lui qui ne cesse de crier aux coupables que leurs crimes secrets ont été vus, et qui sait dire au juste oublié :
90 « Tes vertus ont un témoin. » C'est lui, c'est sa substance inaltérable qui est le vrai modèle des perfections dont nous portons tous une image en nous-mêmes. Nos passions ont beau la défigurer, tous ses traits liés à l'essence infinie se représentent toujours à la raison, et lui servent à rétablir
95 ce que l'imposture et l'erreur en ont altéré. Ces distinctions me semblent faciles, le sens commun suffit pour les faire. Tout ce qu'on ne peut séparer de l'idée de cette essence est Dieu : tout le reste est l'ouvrage des hommes. C'est à la contemplation de ce divin modèle que l'âme s'épure et
100 s'élève, qu'elle apprend à mépriser ses inclinations basses et à surmonter ses vils penchants. Un cœur pénétré de ces sublimes vérités se refuse aux petites passions des hommes; cette grandeur infinie le dégoûte de leur orgueil; le charme de la méditation l'arrache aux désirs terrestres :
105 et quand l'Être immense dont il s'occupe n'existerait pas, il serait encore bon qu'il s'en occupât sans cesse pour être plus maître de lui-même, plus fort, plus heureux et plus sage...

---

5. La honte d'avoir cédé aux sens, et surtout d'avoir envisagé l'adultère.
6. « Dieu, dans l'Écriture sainte, s'appelle celui qui est » (Littré). Julie tient déjà le langage du vicaire savoyard (cf. l'*Émile*, 1761).

● **Le mariage de Julie**

« Ici commencent des pages étonnantes... En plein siècle des Lumières, elles proclament la foi non seulement au Dieu des Philosophes et des savants, mais au Dieu d'Abraham, d'Isaac et de Jacob; elles s'efforcent de rendre palpables les réalités surnaturelles les plus mystérieuses » (B. Guyon).

● **Analyse de la conversion de Julie**

① Multiplicité des réactions affectives de Julie : « terreur ..., frayeur... tremblante... épouvantée. » N'est-ce pas l'attitude du croyant devant le Dieu de l'Ancien Testament (ex. Moïse au Sinaï)? Le « torrent de pure joie » qui entraîne Julie, son « ravissement », n'évoquent-ils pas l'expérience vécue par Pascal (« Joie. Joie. Pleurs de joie ») et rapportée dans le *Mémorial*?

② L'événement a un caractère de soudaineté foudroyante, bouleversante; cf. Saint Paul sur le chemin de Damas, ou encore la conversion de Pascal, et aussi celle de Claudel.

③ Rousseau, avec prudence, atténue parfois le caractère de certitude de l'expérience (« je *crus* voir » ... « *sembla* corriger ») et esquisse une explication physique du phénomène (« jour sombre »... « profond silence »). Mais il n'en insiste pas moins sur le caractère transcendant de la réalité vécue par Julie : elle perçoit, dans la « sainte liturgie », la voix de Dieu, « l'organe de la Providence ». Sa méditation s'achève en une prière, où elle affirme la réalité de la Grâce qui la conduit : « rends toutes mes actions conformes à ma volonté constante, qui est la tienne. »

④ Enfin, ce bouleversement est signe d'une renaissance. « Je crus me sentir renaître »... « recommencer une autre vie ». Julie est redevenue elle-même. Son amour pour Saint-Preux subsiste, mais a pris une dimension nouvelle.

[*Julie exhorte donc Saint-Preux à s'inspirer de l'exemple qu'elle lui donne et à se convertir à son tour : à cette condition, leur amour survivra éternellement, transcendé et purifié.*

Un scrupule l'agite encore cependant : la sincérité n'exige-t-elle pas qu'elle avoue son passé à son mari?]

LETTRE XX DE JULIE À SAINT-PREUX

[*Julie répond à la question que Saint-Preux lui a posée dans la lettre XIX : est-elle heureuse? Elle donne d'abord de son mari un portrait moral complet : âgé de cinquante ans, il est un honnête homme, d'humeur égale, administrant sagement ses biens pour le bonheur de tous ceux qui l'entourent.*]

... Sur ce tableau, vous pouvez d'avance vous répondre
à vous-même ; et il faudrait me mépriser beaucoup pour
ne pas me croire heureuse avec tant de sujet de l'être *.
Ce qui m'a longtemps abusée, et qui peut-être vous abuse
5 encore, c'est la pensée que l'amour est nécessaire pour
former un heureux mariage. Mon ami, c'est une erreur ;
l'honnêteté, la vertu, de certaines [1] convenances, moins de
conditions [2] et d'âges que de caractères et d'humeurs,
suffisent entre deux époux ; ce qui n'empêche point qu'il
10 ne résulte de cette union un attachement très tendre qui,
pour n'être pas précisément de l'amour, n'en est pas
moins doux et n'en est que plus durable. L'amour est
accompagné d'une inquiétude continuelle de jalousie ou
de privation, peu convenable au mariage, qui est un état
15 de jouissance et de paix. On ne s'épouse point pour penser
uniquement l'un à l'autre, mais pour remplir conjointe-
ment les devoirs de la vie civile, gouverner prudemment
la maison, bien élever ses enfants. Les amants ne voient
jamais qu'eux, ne s'occupent incessamment que d'eux,
20 et la seule chose qu'ils sachent faire est de s'aimer. Ce
n'est pas assez pour des époux, qui ont tant d'autres soins
à remplir. Il n'y a point de passion qui nous fasse une si
forte illusion que l'amour : on prend sa violence pour un
signe de sa durée ; le cœur surchargé d'un sentiment si
25 doux l'étend pour ainsi dire sur l'avenir, et tant que cet
amour dure on croit qu'il ne finira point. Mais, au
contraire, c'est son ardeur même qui le consume ; il s'use
avec la jeunesse, il s'efface avec la beauté, il s'éteint sous
les glaces de l'âge ; et depuis que le monde existe on n'a
30 jamais vu deux amants en cheveux blancs soupirer l'un
pour l'autre. On doit donc compter qu'on cessera de
s'adorer tôt ou tard ; alors, l'idole qu'on servait détruite,
on se voit réciproquement tels qu'on est. On cherche avec
étonnement l'objet qu'on aima ; ne le trouvant plus, on se

---

* Apparemment qu'elle n'avait pas découvert encore le fatal secret qui la tourmenta si
fort dans la suite, ou qu'elle ne voulait pas alors le confier à son ami [3].

    1. *De* se met parfois devant un nom pluriel précédé de l'indéfini *certains*.
    2. Complément du nom *convenances*.
    3. Rousseau n'a ajouté que tardivement cette note sur le « fatal secret » (l'athéisme de
M. de Wolmar). Peut-être voulait-il éviter d'assombrir le tableau peint par Julie, et se
contenter d'aiguiser la curiosité du lecteur. Peut-être aussi n'avait-il pas encore, au moment
où il rédigea cette lettre, l'idée de faire de la divergence religieuse entre les deux époux
un des centres d'intérêt des deux dernières parties du roman.

[35] dépite contre celui qui reste, et souvent l'imagination le
défigure autant qu'elle l'avait paré. Il y a peu de gens, dit
La Rochefoucauld, qui ne soient honteux de s'être aimés,
quand ils ne s'aiment plus * [4]. Combien alors il est à craindre que l'ennui ne succède à des sentiments trop vifs;
[40] que leur déclin, sans s'arrêter à l'indifférence, ne passe
jusqu'au dégoût; qu'on ne se trouve enfin tout à fait ras-
sasiés l'un de l'autre; et que, pour s'être trop aimés
amants, on n'en vienne à se haïr époux! Mon cher ami,
vous m'avez toujours paru bien aimable [5], beaucoup trop
[45] pour mon innocence et pour mon repos; mais je ne vous
ai jamais vu qu'amoureux : que sais-je ce que vous seriez
devenu cessant de l'être? L'amour éteint vous eût toujours
laissé la vertu, je l'avoue; mais en est-ce assez pour être
heureux dans un lien que le cœur doit serrer? et combien
[50] d'hommes vertueux ne laissent pas d'être des maris insupportables! Sur tout cela vous en pouvez dire autant de moi.

Pour M. de Wolmar, nulle illusion ne nous prévient [6]
l'un pour l'autre : nous nous voyons tels que nous
[55] sommes; le sentiment qui nous joint n'est point l'aveugle
transport [7] des cœurs passionnés, mais l'immuable et
constant attachement de deux personnes honnêtes et rai-
sonnables, qui, destinées à passer ensemble le reste de leurs
jours, sont contentes de leur sort, et tâchent de se le rendre
[60] doux l'une à l'autre. Il semble que, quand on nous eût
formés exprès pour nous unir, on n'aurait pu réussir
mieux. S'il avait le cœur aussi tendre que moi, il serait
impossible que tant de sensibilité de part et d'autre ne se
heurtât quelquefois, et qu'il n'en résultât des querelles.
[65] Si j'étais aussi tranquille que lui, trop de froideur régnerait
entre nous, et rendrait la société [8] moins agréable et moins

---

* Je serais bien surpris que Julie eût lu et cité La Rochefoucauld en toute autre occasion.
Jamais son triste livre ne sera goûté des bonnes gens.

4. *Maximes*, 71 (*Ed.* 1678). Rousseau avait lu La Rochefoucauld avec Madame de
Warens, qui préférait les *Caractères* de La Bruyère aux *Maximes*, « livre triste et désolant,
principalement dans la jeunesse où l'on n'aime pas voir l'homme comme il est » (*Confessions*, Livre III). Ce jugement éclaire la note par laquelle Rousseau semble vouloir corriger
l'amertume qu'apporte la citation aux propos de Julie.

5. *Cf.* p. 12, note 3.

6. Prévenir : « Faire naître d'avance dans l'esprit des sentiments favorables ou défa-
vorables » (Littré).

7. « Se dit au figuré des passions pour en marquer l'excès, la violence, la vivacité »
(Furetière).

8. Nos relations.

douce. S'il ne m'aimait point, nous vivrions mal ensemble; s'il m'eût trop aimée, il m'eût été importun. Chacun des deux est précisément ce qu'il faut à l'autre; il
70 m'éclaire et je l'anime; nous en valons mieux réunis, et il semble que nous soyons destinés à ne faire entre nous qu'une seule âme, dont il est l'entendement et moi la volonté. Il n'y a pas jusqu'à son âge un peu avancé qui ne tourne au commun avantage : car, avec la passion dont
75 j'étais tourmentée, il est certain que s'il eût été plus jeune

● **L'amour dans le mariage**

① Cette dernière lettre de Julie ne complète pas seulement la lettre XVIII, et en particulier les réflexions qui accompagnent le coup d'œil jeté au milieu de la cérémonie sur le couple vertueux formé par Claire et son époux; elle reprend aussi les principes soutenus par Claire (Troisième partie, lettre VII). Ce qui leur donne plus de force, c'est que Julie, s'adressant à Saint-Preux, les prend à son propre compte. Cette jeune fille de vingt ans affirme qu'elle sera plus heureuse en épousant un raisonnable quinquagénaire qu'elle n'aime pas, plutôt que le jeune homme passionné qu'elle aime.

② Le couple Julie-M. de Wolmar.
Dans un article (*La solitude de Rousseau*, Annales J.J.R., XXXI) M. Basil Munteano distingue en Rousseau deux « moi » : un moi permanent, enfoui au fond de la conscience et sans ouverture sur l'extérieur; un moi-agent, dont le rôle serait d'explorer le monde, afin d'y découvrir une place pour le moi permanent. Ce dernier repose sur une synthèse stable de la raison et d'une partie de l'affectivité. Le couple que forme avec Julie M. de Wolmar, la Raison immobile personnifiée, serait la figuration symbolique de ce moi permanent; tandis que Saint-Preux représenterait le moi-agent, qui recueille la part la plus mobile et la plus inquiète de l'âme, celle dont Julie veut s'être débarrassée.

③ Rousseau traduit donc ici les aspirations essentielles de son époque. R. Mauzi (op. cit.) note que le XVIIIe siècle exprime avec une particulière transparence ces deux pôles du bonheur entre lesquels Julie semble choisir : le rêve du mouvement, né du désir confus d'échapper à la mort, et la tentation du repos, qui représente le refus de l'exaltation et répond au besoin d'achèvement de soi.
Mme de Clèves avait aussi choisi le renoncement, donc le repos, et, comme Julie, avait préféré sauver l'amour en lui épargnant les vicissitudes du mariage. La suite de *La Nouvelle Héloïse* confirmera cette permanence de l'Amour, ce refus de « l'oubli ».

je l'aurais épousé avec plus de peine encore, et cet excès de répugnance eût peut-être empêché l'heureuse révolution qui s'est faite en moi.

80 Mon ami, le ciel éclaire la bonne intention des pères, et récompense la docilité des enfants. A Dieu ne plaise que je veuille insulter à vos déplaisirs [9]. Le seul désir de vous rassurer pleinement sur mon sort me fait ajouter ce que je vais vous dire. Quand avec les sentiments que j'eus ci-devant pour vous, et les connaissances que j'ai 85 maintenant, je serais libre encore et maîtresse de me choisir un mari, je prends à témoin de ma sincérité ce Dieu qui daigne m'éclairer et qui lit au fond de mon cœur, ce n'est pas vous que je choisirais, c'est M. de Wolmar...

[*Julie a donc pris la résolution de rester fidèle à son mari, même au-delà de la tombe, s'il venait à mourir. Cependant, elle ne lui dévoile pas encore sa faute passée, par égard pour Saint-Preux. Mais la véritable vertu, qu'elle vient de découvrir dans la vie conjugale, exige que Saint-Preux cesse toute relation épistolaire avec elle...*]

LETTRE XXVI DE SAINT-PREUX À MADAME D'ORBE

[« *L'âme oppressée du poids de la vie* », Saint-Preux songe à se tuer et fait part de ce funeste projet à Milord Édouard. Celui-ci réfute les arguments de son ami ; il l'invite à reprendre courage, à respecter la sérénité retrouvée par Julie, à trouver un réconfort dans la bienfaisance, et il conclut : « Attends, et tu seras guéri » (Lettres XXI et XXII).

Saint-Preux veut-il guérir ? Milord Édouard en est persuadé et pense avoir trouvé le remède : il l'a inscrit pour l'expédition autour du monde de l'amiral Anson (ce voyage eut lieu, historiquement, de septembre 1740 à juin 1744 ; Rousseau s'en est procuré la relation dans la traduction française). De Londres, Saint-Preux envoie à Claire cette lettre d'adieu.]

Je pars, chère et charmante cousine, pour faire le tour du globe ; je vais chercher dans un autre hémisphère la paix dont je n'ai pu jouir dans celui-ci. Insensé que je

---

9. *Déplaisir* : sens encore très fort au XVIIIe siècle : « Douleur, amertume de cœur » (Littré). Le verbe *insulter* peut parfois être transitif indirect.

suis! Je vais errer dans l'univers sans trouver un lieu pour
5 y reposer mon cœur; je vais chercher un asile au monde
où je puisse être loin de vous! Mais il faut respecter les
volontés d'un ami, d'un bienfaiteur, d'un père. Sans
espérer de guérir, il faut au moins le vouloir, puisque Julie
et la vertu l'ordonnent. Dans trois heures je vais être à
10 la merci des flots; dans trois jours je ne verrai plus l'Europe; dans trois mois je serai dans des mers inconnues où
règnent d'éternels orages; dans trois ans peut-être... Qu'il
serait affreux de ne vous plus voir! Hélas! le plus grand
péril est au fond de mon cœur; car, quoi qu'il en soit de
15 mon sort, je l'ai résolu, je le jure, vous me verrez digne de
paraître à vos yeux, ou vous ne me reverrez jamais.

Milord Édouard, qui retourne à Rome, vous remettra
cette lettre en passant, et vous fera le détail de ce qui
me regarde. Vous connaissez son âme, et vous devinerez
20 aisément ce qu'il ne vous dira pas. Vous connûtes la
mienne, jugez aussi de ce que je ne vous dis pas moi-
même. Ah! milord, vos yeux les reverront!

Votre amie a donc ainsi que vous le bonheur d'être
mère! Elle devait donc l'être?[1]... Ciel inexorable!... O ma
25 mère, pourquoi vous donna-t-il un fils dans sa colère?

Il faut finir, je le sens. Adieu, charmantes cousines.
Adieu, beautés incomparables. Adieu, pures et célestes
âmes. Adieu, tendres et inséparables amies, femmes
uniques sur la terre. Chacune de vous est le seul objet
30 digne du cœur de l'autre. Faites mutuellement votre bonheur. Daignez vous rappeler quelquefois la mémoire d'un
infortuné qui n'existait que pour partager entre vous tous
les sentiments de son âme et qui cessa de vivre au moment
qu'il s'éloigna de vous. Si jamais... J'entends le signal et
35 les cris des matelots; je vois fraîchir[2] le vent et déployer
les voiles. Il faut monter à bord, il faut partir. Mer vaste,
mer immense, qui dois peut-être m'engloutir dans ton
sein, puissé-je retrouver sur tes flots le calme qui fuit mon
cœur agité!

---

1. Julie avait vainement espéré que Saint-Preux la rendrait mère, et qu'elle fléchirait
ainsi la volonté de Monsieur d'Étange (fin de la Première Partie).
2. « Se dit du vent qui devient plus fort » (Littré).

● **Le départ de Saint-Preux**

① La Troisième partie du roman s'achève sur un poème en prose qui fait irrésistiblement penser à Baudelaire *(Brise marine, Le voyage)*. Il faudrait étudier avec précision le rythme qui anime cette page lyrique, en particulier les dernières lignes.

② C'est un Saint-Preux déchiré par des sentiments contradictoires qui s'embarque :
— le désir de complaire à son ami en allant chercher la guérison (« Il faut partir »);
— mais en même temps la crainte de succomber au « divertissement » en oubliant un amour qui, pour lui, n'est pas aliénation mais expression la plus profonde de son être;
— il n'est peut-être pas interdit de pressentir — mêlée à la mélancolie — une secrète allégresse : « Je pars, chère et charmante cousine, pour faire le tour du globe... »

③ Il est évident que le roman ne pouvait s'achever sur ce départ. Nous attendons le retour, que Saint-Preux chantera avec un égal lyrisme en IV, 3.

Ph. © Coll. Roger Viollet · Arch. Photeb.

Vue du village de Clarens
près de Vevay sur le lac de Genève, cet endroit est célébré
dans *l'Héloïse* de Rousseau.

QUATRIÈME PARTIE

LETTRE I DE MADAME DE WOLMAR À MADAME D'ORBE

[Plusieurs années ont passé. Julie affirme connaître le bonheur dans son domaine de Clarens, auprès de son mari et de ses deux fils. Pourtant, elle souffre de ne pas avoir encore pu faire à M. de Wolmar l'aveu de sa conduite passée... Elle appelle Claire à venir la rejoindre.]

... Ma douce amie, il faut achever; et ce qui reste importe assez pour me coûter le plus à dire. Tu ne m'es pas seulement nécessaire quand je suis avec mes enfants ou avec mon mari, mais surtout quand je suis seule avec
5 ta pauvre Julie; et la solitude m'est dangereuse précisément parce qu'elle m'est douce, et que souvent je la cherche sans y songer. Ce n'est pas, tu le sais, que mon cœur se ressente encore de ses anciennes blessures; non, il est guéri, je le sens, j'en suis très sûre; j'ose me croire
10 vertueuse. Ce n'est point le présent que je crains, c'est le passé qui me tourmente. Il est des souvenirs aussi redoutables que le sentiment actuel; on s'attendrit par réminiscence [1]; on a honte de se sentir pleurer, et l'on n'en pleure que davantage. Ces larmes sont de pitié, de regret,
15 de repentir; l'amour n'y a plus de part; il ne m'est plus rien : mais je pleure les maux qu'il a causés; je pleure le sort d'un homme estimable que des feux indiscrètement nourris [2] ont privé du repos et peut-être de la vie. Hélas! sans doute il a péri dans ce long et périlleux voyage que le
20 désespoir lui a fait entreprendre. S'il vivait, du bout du monde, il nous eût donné de ses nouvelles; près de quatre ans se sont écoulés depuis son départ. On dit que l'escadre sur laquelle il est a souffert mille désastres, qu'elle a perdu les trois quarts de ses équipages, que plusieurs vaisseaux
25 sont submergés [3], qu'on ne sait ce qu'est devenu le reste.

---

1. La réminiscence est plus vague que le souvenir, et relève plutôt de la mémoire involontaire (*cf.* déjà plus haut : « sans y songer »).
2. Dont l'amour a été encouragé plus qu'il n'aurait fallu.
3. L'amiral Anson, parti avec cinq vaisseaux, n'en a ramené qu'un seul en Angleterre.

Il n'est plus, il n'est plus; un secret pressentiment me
l'annonce. L'infortuné n'aura pas été plus épargné que
tant d'autres. La mer, les maladies, la tristesse, bien plus
cruelle, auront abrégé ses jours. Ainsi s'éteint tout ce qui
30 brille un moment sur la terre. Il manquait aux tourments
de ma conscience d'avoir à me reprocher la mort d'un
honnête homme. Ah! ma chère, quelle âme c'était que la
sienne!... Comme il savait aimer!... Il méritait de vivre...
Il aura présenté devant le souverain juge une âme faible,
35 mais saine et aimant la vertu... Je m'efforce en vain de
chasser ces tristes idées; à chaque instant elles reviennent
malgré moi. Pour les bannir, ou pour les régler, ton amie
a besoin de tes soins; et puisque je ne puis oublier cet
infortuné, j'aime mieux en causer avec toi que d'y penser
40 toute seule...

[_Claire, devenue veuve, n'envisage pas de se remarier, et,
une fois ses affaires réglées, elle compte venir vivre, avec sa
fille, chez M_^{me}_ de Wolmar (Lettre II)._]

● **L'amour perpétué par le souvenir. Mélancolie de Julie**

La quatrième partie du roman est celle dont Rousseau était le plus
fier, la comparant à _La princesse de Clèves_ (_Confessions_, début du
livre XI). Ponctuée par trois moments dramatiques (le retour de
Saint-Preux, lettre VI; la « profanation du bosquet », lettre
XII; la crise de Meillerie, lettre XVII), elle est par ailleurs la description d'un bonheur tranquille, et aussi une méditation sur
les rapports entre bonheur et souvenir.
Elle s'ouvre sur un chant mélancolique et tendre de Julie. Dans
sa fiévreuse sincérité, ses scrupules, son plaisir à évoquer le
passé, ne devine-t-on pas qu'elle n'est pas « guérie », et que son
amour pour Saint-Preux est bien plus qu'un souvenir mort?
Étudiez en outre les diverses formes du temps qui apparaissent
dans cette lettre I : celui qui passe trop vite quand il apporte le
bonheur; celui qui dure lorsqu'il s'accompagne de l'ennui; celui
qui use par l'âge et les épreuves, et conduit à la mort. Comment
Julie est-elle envahie par l'idée de la disparition de Saint-Preux,
dont elle parle au passé?

LETTRE III DE SAINT-PREUX À MADAME D'ORBE

[_Saint-Preux est de retour en Europe, et fait à Claire un
rapide compte rendu de son voyage de quatre années._]

... J'ai vu d'abord l'Amérique méridionale, ce vaste continent que le manque de fer a soumis aux Européens, et dont ils ont fait un désert pour s'en assurer l'empire. J'ai vu les côtes du Brésil, où Lisbonne et Londres puisent leurs trésors et dont les peuples misérables foulent aux pieds l'or et les diamants sans oser y porter la main. J'ai traversé paisiblement les mers orageuses qui sont sous le cercle antarctique; j'ai trouvé dans la mer Pacifique les plus effroyables tempêtes.

> *E in mar dubbioso sotto ignoto polo*
> *Provai l'onde fallaci, e'l vento infido* [1].

J'ai vu de loin le séjour de ces prétendus géants* [2] qui ne sont grands qu'en courage, et dont l'indépendance est plus assurée par une vie simple et frugale que par une haute stature. J'ai séjourné trois mois dans une île déserte et délicieuse [3], douce et touchante image de l'antique beauté de la nature, et qui semble être confinée au bout du monde pour y servir d'asile à l'innocence et à l'amour persécutés; mais l'avide Européen suit son humeur farouche en empêchant l'Indien paisible de l'habiter, et se rend justice en ne l'habitant pas lui-même.

J'ai vu sur les rives du Mexique et du Pérou le même spectacle que dans le Brésil : j'en ai vu les rares et infortunés habitants, tristes restes de deux puissants peuples, accablés de fers, d'opprobre et de misères au milieu de leurs riches métaux, reprocher au ciel en pleurant les trésors qu'il leur a prodigués. J'ai vu l'incendie affreux d'une ville entière sans résistance et sans défenseurs [4]. Tel est le droit de la guerre parmi les peuples savants, humains et polis de l'Europe; on ne se borne pas à faire à son ennemi tout le mal dont on peut tirer du profit :

---

* Les Patagons.

1. Vers du Tasse (*Jérusalem délivrée*, III, 4), dont Rousseau a donné cette traduction : « Et sur des mers suspectes, sous un pôle inconnu, j'éprouvai la trahison de l'onde et l'infidélité des vents. »

2. La légende de géants Patagons remontait à Magellan; Diderot, dans le *Supplément au Voyage de Bougainville*, la combat aussi, et proteste contre ce « goût du merveilleux, qui exagère tout autour de lui. »

3. Il s'agit d'une des îles Juan Fernández, archipel chilien du Pacifique sud. Rousseau s'abstient de toute précision pittoresque pour s'en tenir à des indications d'ordre social.

4. La prise et l'incendie de la ville de Païta (au nord du Pérou) par les gens de l'expédition sont décrits, dans le journal du voyage, sans aucun sentiment de culpabilité.

mais on compte pour un profit tout le mal qu'on peut
lui faire à pure perte. J'ai côtoyé presque toute la partie
occidentale de l'Amérique, non sans être frappé d'admi-
35 ration en voyant quinze cents lieues de côte et la plus
grande mer du monde sous l'empire d'une seule puissance [5] qui tient pour ainsi dire en sa main les clefs d'un
hémisphère du globe.

Après avoir traversé la grande mer [6], j'ai trouvé dans
40 l'autre continent un nouveau spectacle. J'ai vu la plus
nombreuse et la plus illustre nation de l'univers [7] soumise
à une poignée de brigands; j'ai vu de près ce peuple célèbre, et n'ai plus été surpris de le trouver esclave. Autant
de fois conquis qu'attaqué, il fut toujours en proie au
45 premier venu et le sera jusqu'à la fin des siècles. Je l'ai
trouvé digne de son sort, n'ayant pas même le courage
d'en gémir. Lettré, lâche, hypocrite et charlatan; parlant beaucoup sans rien dire, plein d'esprit sans aucun
génie, abondant en signes et stérile en idées; poli, com-
50 plimenteur, adroit, fourbe et fripon; qui met tous les
devoirs en étiquettes, toute la morale en simagrées, et
ne connaît d'autre humanité que les salutations et les
révérences. J'ai surgi dans une seconde île déserte [8], plus
inconnue, plus charmante encore que la première, et où
55 le plus cruel accident faillit à nous confiner pour jamais.
Je fus le seul peut-être qu'un exil si doux n'épouvanta
point. Ne suis-je pas désormais partout en exil? J'ai vu
dans ce lieu de délices et d'effroi ce que peut tenter l'industrie humaine pour tirer l'homme civilisé d'une solitude
60 où rien ne lui manque, et le replonger dans un gouffre
de nouveaux besoins.

J'ai vu dans le vaste Océan, où il devrait être si doux
à des hommes d'en rencontrer d'autres, deux grands
vaisseaux [9] se chercher, se trouver, s'attaquer, se battre
65 avec fureur, comme si cet espace immense eût été trop

---

5. L'Espagne.
6. L'Océan Pacifique, ou « Grande mer du Sud » (*Encyclopédie*, article « Océan »).
7. La Chine.
8. L'île de Tinian. Une tempête ayant rejeté au large le navire de l'amiral Anson, des marins qui avaient été débarqués dans l'île s'y crurent abandonnés. Ils mirent tous leurs soins à construire une chaloupe (« l'industrie humaine... ») et purent rejoindre Macao.
9. Dans les parages des Philippines, le « Centurion » avait capturé un galion espagnol chargé d'argent. Dans le journal du voyage, cet épisode était présenté comme un glorieux exploit...

petit pour chacun d'eux. Je les ai vus vomir l'un contre l'autre le fer et les flammes. Dans un combat assez court, j'ai vu l'image de l'enfer; j'ai entendu les cris de joie des vainqueurs couvrir les plaintes des blessés et les gémis-
70 sements des mourants. J'ai reçu en rougissant ma part d'un immense butin; je l'ai reçu, mais en dépôt; et s'il fut pris sur des malheureux, c'est à des malheureux qu'il sera rendu.

J'ai vu l'Europe transportée à l'extrémité de l'Afrique
75 par les soins de ce peuple avare, patient et laborieux [10],

---

10. Des colons néerlandais s'étaient établis au Cap dès 1652. A eux comme aux autres peuples européens, Rousseau reproche l'esclavage des Noirs (*cf.* Montesquieu, *L'esprit des Lois*, XV, V).

● **Saint-Preux à travers le monde**

De ce voyage, Rousseau n'a retenu que les épisodes qui pouvaient nourrir ses réflexions de philosophe sur des problèmes d'actualité : l'exploitation coloniale, la piraterie, l'esclavage, les horreurs de la guerre, la misère des peuples opprimés, etc.

Le passage consacré à la Chine est caractéristique. Les Philosophes, qui voulaient montrer qu'on pouvait être honnête en dehors de la morale chrétienne, louaient la politesse des Chinois, leur sagesse, la pureté de leur religion et de leurs mœurs (voir Voltaire, *Essai sur les mœurs*, chap. 1 et 2). Rousseau, dès son premier *Discours*, s'était montré d'un avis contraire : « Il n'y a point de vice qui ne les domine, point de crime qui ne leur soit familier ». Les Chinois allient à ses yeux les plus flatteuses apparences de la civilisation à ses vices les plus honteux, et illustrent à merveille le mensonge de la vie mondaine.

Cette critique de la civilisation chinoise contribue à l'élaboration du mythe du bon sauvage. Noter dans cet extrait l'apparition du thème de l'île déserte, de la simplicité primitive et de l'innocence originelle, prestiges que Saint-Preux retrouvera dans l'Élysée de Julie.

La fin de ce passage révèle que cette lettre adressée à Claire a pour intention première de renseigner Julie sur l'état d'âme de Saint-Preux. Ce tour du monde lui a apporté le calme, mais non l'oubli. Et ce qui aurait pu n'être qu'un banal compte rendu de voyage devient un chant d'amour. Relever la correspondance entre les sentiments de Saint-Preux et ceux qu'exprimait Julie dans la lettre I; malgré le temps et l'éloignement, ils n'ont pu, ni l'un ni l'autre, effacer ni le passé ni l'image de l'autre.

qui a vaincu par le temps et la constance des difficultés que tout l'héroïsme des autres peuples n'a jamais pu surmonter. J'ai vu ces vastes et malheureuses contrées qui ne semblent destinées qu'à couvrir la terre de trou-
80 peaux d'esclaves. A leur vil aspect j'ai détourné les yeux de dédain, d'horreur et de pitié ; et, en voyant la quatrième partie de mes semblables changée en bêtes pour le service des autres, j'ai gémi d'être homme.

Enfin, j'ai vu dans mes compagnons de voyage un
85 peuple intrépide et fier, dont l'exemple et la liberté réta-blissaient à mes yeux l'honneur de mon espèce, pour lequel la douleur et la mort ne sont rien, et qui ne craint au monde que la faim et l'ennui [11]. J'ai vu dans leur chef un capitaine, un soldat, un pilote, un sage, un grand
90 homme, et, pour dire encore plus peut-être, le digne ami d'Édouard Bomston ; mais ce que je n'ai point vu dans le monde entier, c'est quelqu'un qui ressemble à Claire d'Orbe, à Julie d'Étange, et qui puisse consoler de leur perte un cœur qui sut les aimer...

LETTRE VI DE SAINT-PREUX À MILORD ÉDOUARD

[*M. de Wolmar, à qui Julie a enfin fait l'aveu de son ancienne passion, invite Saint-Preux à venir à Clarens : il prétend le guérir... (Lettres IV et V). Saint-Preux accourt.*]

... Plus j'approchais de la Suisse, plus je me sentais ému. L'instant où des hauteurs du Jura je découvris le lac de Genève fut un instant d'extase et de ravissement [1]. La vue de mon pays, de ce pays si chéri, où des torrents de
5 plaisirs avaient inondé mon cœur ; l'air des Alpes si salu-taire et si pur [2], le doux air de la patrie, plus suave que les parfums de l'Orient ; cette terre riche et fertile, ce paysage unique, le plus beau dont l'œil humain fut jamais frappé ; ce séjour charmant auquel je n'avais rien trouvé
10 d'égal dans le tour du monde ; l'aspect d'un peuple heu-

---

11. Allusion à une épidémie de suicides, attribuée au « spleen », qui sévissait alors en Angleterre.
1. Vocabulaire mystique.
2. *Cf.* Première partie, lettre XXIII.

reux et libre; la douceur de la saison, la sérénité du
climat; mille souvenirs délicieux qui réveillaient tous les
sentiments que j'avais goûtés; tout cela me jetait dans des
transports que je ne puis décrire, et semblait me rendre
15 à la fois la jouissance [3] de ma vie entière.

En descendant vers la côte, je sentis une impression
nouvelle dont je n'avais aucune idée; c'était un certain
mouvement d'effroi qui me resserrait le cœur et me trou-
blait malgré moi. Cet effroi, dont je ne pouvais démêler
20 la cause, croissait à mesure que j'approchais de la ville :
il ralentissait mon empressement d'arriver, et fit enfin
de tels progrès, que je m'inquiétais autant de ma diligence
que j'avais fait jusque-là de ma lenteur. En entrant à
Vevey, la sensation que j'éprouvai ne fut rien moins
25 qu'agréable : je fus saisi d'une violente palpitation qui
m'empêchait de respirer; je parlais d'une voix altérée et
tremblante. J'eus peine à me faire entendre en demandant
M. de Wolmar; car je n'osai jamais nommer sa femme.
On me dit qu'il demeurait à Clarens. Cette nouvelle
30 m'ôta de dessus la poitrine un poids de cinq cents livres;
et, prenant les deux lieues qui me restaient à faire pour
un répit, je me réjouis de ce qui m'eût désolé dans un
autre temps; mais j'appris avec un vrai chagrin que
Mme d'Orbe était à Lausanne. J'entrai dans une auberge
35 pour reprendre les forces qui me manquaient : il me fut
impossible d'avaler un seul morceau; je suffoquais en
buvant, et ne pouvais vider un verre qu'à plusieurs re-
prises. Ma terreur redoubla quand je vis mettre les che-
vaux pour repartir. Je crois que j'aurais donné tout au
40 monde pour voir briser une roue en chemin. Je ne voyais
plus Julie; mon imagination troublée ne me présentait
que des objets confus; mon âme était dans un tumulte
universel. Je connaissais la douleur et le désespoir; je les
aurais préférés à cet horrible état. Enfin je puis dire n'avoir
45 de ma vie éprouvé d'agitation plus cruelle que celle où je
me trouvai durant ce court trajet, et je suis convaincu que
je ne l'aurais pu supporter une journée entière.

En arrivant, je fis arrêter à la grille; et, me sentant hors
d'état de faire un pas, j'envoyai le postillon dire qu'un
50 étranger demandait à parler à M. de Wolmar. Il était à la

---

3. Au sens de *possession*.

« La confiance des belles âmes », gravure d'après Gravelot.

Arrivée de Saint-Preux (cf. p. 70) :
« Julie vient de l'embrasser, et le prenant par la main,
le présente à son mari, qui s'avance pour l'embrasser à son tour... »
(Commentaire de Rousseau).

promenade avec sa femme. On les avertit, et ils vinrent par un autre côté, tandis que, les yeux fichés sur l'avenue, j'attendais dans des transes mortelles d'y voir paraître quelqu'un.

SAINT-PREUX RETROUVE LA SUISSE ET REVOIT JULIE

● Le « ménage à trois »

Le geste extravagant de M. de Wolmar appelant dans son ménage l'ancien amant de sa femme a suscité les railleries de Voltaire, de Grimm, et de bien d'autres. De fait, cette invitation « est le point critique du roman et, comme il semble, son absurdité » (D. Mornet). Mais la justification en sera donnée (Quatrième partie, lettre XIV) par M. de Wolmar lui-même, qui en sait sur les deux amants plus qu'ils ne le croient, et prétend les « guérir ». « Homme extraordinaire, il a affaire à des âmes extraordinaires, et emploie des moyens extraordinaires pour les guérir » (J.L. Lecercle, *Rousseau et l'art du roman*). Les pages qui suivent vont donc décrire, à la faveur de cette « mise à l'épreuve », les efforts de deux êtres vers la clarté et la vertu.

● L'arrivée en Suisse

Les sentiments de Saint-Preux à son arrivée en Suisse sont ceux de Rousseau lui-même quand il retournait à Genève : « Jamais je n'ai vu les murs de cette heureuse ville, jamais je n'y suis entré sans sentir une certaine défaillance de cœur qui venait d'un excès d'attendrissement. En même temps que la noble image de la liberté m'élevait l'âme, celles de l'égalité, de l'union, de la douceur des mœurs me touchaient jusqu'aux larmes... » (*Confessions*, livre IV).
Cependant B. Guyon (Pléiade, p. 1588), rapprochant cette page de *La Nouvelle Héloïse* de l'épisode de la pervenche au livre VI des *Confessions*, voit dans ces textes s'amorcer les thèmes qui nourrissent les pages terminales du *Temps retrouvé*. Car chez Rousseau comme chez Proust « l'extase, le transport naissent de l'exacte coïncidence, grâce au jeu de la mémoire affective, de deux moments du temps : le passé et le présent, en un état spirituel qui se situe en quelque sorte hors du temps, qui est comme un fragment d'éternité ». Mais Rousseau, n'atteignant pas la lucidité de Proust, croit « que le plaisir qu'il éprouve tient à la qualité délicieuse de l'événement dont il se souvient ».

● Julie retrouvée

Ici encore, Rousseau prête à Saint-Preux les émotions qu'il a lui-même ressenties à chacun de ses retours auprès de Madame de Warens. Cf. *Confessions*, livre III : « Je vis porter mon petit paquet dans la chambre qui m'était destinée, à peu près comme Saint-Preux vit remiser sa chaise chez Madame de Wolmar. »

55　　A peine Julie m'eut-elle aperçu qu'elle me reconnut.
A l'instant, me voir, s'écrier [4], courir, s'élancer dans mes
bras, ne fut pour elle qu'une même chose. A ce son de
voix je me sens tressaillir; je me retourne, je la vois, je
la sens. O milord! ô mon ami... je ne puis parler... Adieu
60　crainte; adieu terreur, effroi, respect humain. Son regard,
son cri, son geste, me rendent en un moment la confiance,
le courage, et les forces. Je puise dans ses bras la chaleur
et la vie; je pétille de joie en la serrant dans les miens.
Un transport sacré nous tient dans un long silence étroite-
65　ment embrassés, et ce n'est qu'après un si doux saisisse-
ment que nos voix commencent à se confondre et nos yeux
à mêler leurs pleurs. M. de Wolmar était là; je le savais,
je le voyais, mais qu'aurais-je pu voir? Non, quand l'univers entier se fût réuni contre moi, quand l'appareil des
70　tourments [5] m'eût environné, je n'aurais pas dérobé mon
cœur à la moindre de ces caresses, tendres prémices [6] d'une
amitié pure et sainte que nous emporterons dans le ciel!...

LETTRE X DE SAINT-PREUX À MILORD ÉDOUARD

[*Saint-Preux s'est donc installé à Clarens. Son embarras
devant Julie est d'abord très grand. Mais M. de Wolmar lui
demande de vivre auprès d'eux dans un climat d'amitié, de
confiance, et de totale sincérité. Cela semble facile aux deux
anciens amants, car ils ont constaté les changements que le
temps a apportés à leurs deux personnalités, et se croient
désormais sûrs des mouvements de leur cœur (Lettres VI à
IX). Et Saint-Preux peut faire le tableau de cette vie heureuse
qu'il découvre à Clarens.*]

Que de plaisirs trop tard connus je goûte depuis trois
semaines! La douce chose de couler ses jours dans le
sein d'une tranquille amitié, à l'abri de l'orage des passions impétueuses [1]! Milord, que c'est un spectacle agré-

---

4. Jeter subitement un grand cri.
5. L'ensemble des instruments de torture.
6. Dans l'Antiquité, les prémices étaient les premiers fruits de la terre, les premiers
animaux nés du troupeau, offerts à la divinité. Les caresses de Julie sont les premières
offrandes de l'amitié. Le vocabulaire religieux rend compte du rêve d'amour mystique
que nourrissait Rousseau.
1. La ressemblance avec les premiers vers du Livre II du *De Rerum Natura* de Lucrèce
(« Il est doux, quand sur la vaste mer les vents soulèvent les flots, d'assister de la terre aux
rudes épreuves d'autrui »... Trad. Budé) place cette lettre sous une référence épicurienne;
cf. Première partie, lettre XXIII, p. 21.

⁵ able et touchant que celui d'une maison simple et bien
réglée où règnent l'ordre, la paix, l'innocence; où l'on voit
réuni sans appareil, sans éclat, tout ce qui répond à la
véritable destination de l'homme! La campagne, la retraite, le repos, la saison, la vaste plaine d'eau qui s'offre
¹⁰ à mes yeux, le sauvage aspect des montagnes, tout me
rappelle ici ma délicieuse île de Tinian ². Je crois voir
accomplir les vœux ardents que j'y formai tant de fois.
J'y mène une vie à mon goût, j'y trouve une société selon
mon cœur. Il ne manque en ce lieu que deux personnes
¹⁵ pour que tout mon bonheur y soit rassemblé, et j'ai
l'espoir de les y voir bientôt.

En attendant que vous et madame d'Orbe veniez mettre le comble aux plaisirs si doux et si purs que j'apprends
à goûter où je suis, je veux vous en donner idée par le
²⁰ détail d'une économie domestique ³ qui annonce la félicité
des maîtres de la maison, et la fait partager à ceux qui
l'habitent. J'espère, sur le projet qui vous occupe ⁴, que
mes réflexions pourront un jour avoir leur usage, et cet
espoir sert encore à les exciter.

²⁵ Je ne vous décrirai point la maison de Clarens. Vous
la connaissez; vous savez si elle est charmante, si elle
m'offre des souvenirs intéressants, si elle doit m'être
chère et par ce qu'elle me montre et par ce qu'elle me
rappelle ⁵ Mᵐᵉ de Wolmar en préfère avec raison
³⁰ le séjour à celui d'Étange, château magnifique et grand,
mais vieux, triste, incommode, et qui n'offre dans ses
environs rien de comparable à ce qu'on voit autour de
Clarens.

Depuis que les maîtres de cette maison y ont fixé leur
³⁵ demeure, ils en ont mis à leur usage tout ce qui ne servait qu'à l'ornement ⁶; ce n'est plus une maison faite pour
être vue, mais pour être habitée. Ils ont bouché de longues enfilades pour changer des portes mal situées; ils
ont coupé de trop grandes pièces pour avoir des logements

2. Cf. p. 64, note 8.
3. Administration de l'ensemble du domaine.
4. Milord Édouard envisage de se marier.
5. Par exemple, le « premier baiser de l'amour », dans le bosquet (cf. Première Partie, lettre XIV, et aussi la lettre XII de cette Quatrième Partie).
6. Ils y ont utilisé pour leur confort ce qui, avant eux, n'était destiné qu'à orner.

⁴⁰ mieux distribués. A des meubles anciens et riches, ils
en ont substitué de simples et de commodes. Tout y est
agréable et riant, tout y respire l'abondance et la pro-
preté⁷, rien n'y sent la richesse et le luxe. Il n'y a pas une

---

7. Au XVIIIᵉ siècle, le mot avait encore ce sens donné en premier par Littré : « Manière
convenable de s'habiller, d'être meublé ».

● **Un traité d'économie domestique?**

Des contemporains de Rousseau s'étaient déjà inquiétés de la longueur de certaines lettres (dont nos extraits ne donnent qu'une
faible idée) : elles leur paraissaient chargées d'une matière inutile
à la marche du roman. Et plus tard, D. Mornet écrivait encore,
à l'occasion de cette lettre X : « Il est difficile de ne pas juger à
la longue fastidieuse la trentaine de pages où Rousseau explique
comment nos châtelains recrutent et gouvernent leurs domestiques [...] C'est dans l'ensemble un traité du gouvernement
des domestiques, et non plus du roman ».
Pourtant, de D. Mornet lui-même à B. Guyon, de nombreux
critiques ont justifié Rousseau : les romans de Richardson et de
l'abbé Prévost avaient mis à la mode ce genre de dissertations
morales; tout un mouvement d'opinion, à partir de 1750 environ,
dénonçait la dépravation provoquée par le luxe, et prêchait le
retour à la vie simple et rurale; et ce vaste tableau du bonheur
campagnard répond à la description de la détresse de la société
parisienne (Deuxième partie, lettre XIV). De plus, la longueur du
texte, la lenteur du rythme nous introduisant dans le monde de la
durée, font sentir la vie tranquille des habitants de Clarens, et
aussi la qualité nouvelle de leur vie intérieure. Enfin, pour éviter
la monotonie, Rousseau use de variété dans les procédés (récits,
portraits, descriptions, dialogues...) et dans les tons (lyrisme,
ironie, satire, tendresse, éloquence...).

● **« Une société selon mon cœur »**

Une des expressions favorites de Rousseau. Cf. *Troisième lettre à
M. de Malesherbes* (« Mon imagination ne laissait pas longtemps
déserte la terre ainsi parée. Je la peuplais bientôt d'êtres selon
mon cœur »); *Seconde promenade* (« Mon imagination tarissante
ne peuplait plus ma solitude d'êtres formés selon mon cœur »);
et surtout ce passage des *Confessions* (livre IX) consacré à la
genèse de *La Nouvelle Héloïse* : « L'impossibilité d'atteindre aux
êtres réels me jeta dans le pays des chimères, et ne voyant rien
d'existant qui fût digne de mon délire, je le nourris dans un monde
idéal, que mon imagination créative eut bientôt peuplé d'êtres
selon mon cœur. » Le rapprochement de ces citations ne montre-
t-il pas que la sensibilité et l'imagination de Rousseau sont aussi
présentes dans cette lettre que dans ses ouvrages autobiogra-
phiques?

chambre où l'on ne se reconnaisse à la campagne, et où
45 l'on ne retrouve toutes les commodités de la ville. Les
mêmes changements se font remarquer au dehors. La
basse-cour [8] a été agrandie aux dépens des remises [9]. A la
place d'un vieux billard délabré l'on a fait un beau pressoir, et une laiterie où logeaient [10] des paons criards dont
50 on s'est défait. Le potager était trop petit pour la cuisine;
on en a fait du parterre un second, mais si propre et si
bien entendu, que ce parterre ainsi travesti plaît à l'œil
plus qu'auparavant. Aux tristes ifs qui couvraient les
murs ont été substitués de bons espaliers. Au lieu de l'inu-
55 tile marronnier d'Inde, de jeunes mûriers noirs commencent à ombrager la cour; et l'on a planté deux rangs de
noyers jusqu'au chemin, à la place des vieux tilleuls qui
bordaient l'avenue. Partout on a substitué l'utile à l'agréable, et l'agréable y a presque toujours gagné. Quant à
60 moi, du moins, je trouve que le bruit de la basse-cour, le
chant des coqs, le mugissement du bétail, l'attelage des
chariots, les repas des champs, le retour des ouvriers, et
tout l'appareil [11] de l'économie rustique, donnent à cette
maison un air plus champêtre, plus vivant, plus animé,
65 plus gai, je ne sais quoi qui sent la joie et le bien-être,
qu'elle n'avait pas dans sa morne dignité [...]

LETTRE XI DE SAINT-PREUX À MILORD ÉDOUARD

*[Julie consacre une partie de ses loisirs à un ancien verger,
qu'elle appelle « l'Élysée ». Elle le présente à Saint-Preux.]*

... Je me suis mis à parcourir avec extase ce verger ainsi
métamorphosé; et si je ne trouvai point de plantes exo-
tiques et de productions des Indes, je trouvai celles du
pays disposées et réunies de manière à produire un effet
5 plus riant et plus agréable. Le gazon verdoyant, mais court

---

8. La « basse-cour » était à cette époque une cour de dégagement sur laquelle donnaient
les écuries et les dépendances.
9. Locaux où les carrosses étaient mis à l'abri.
10. [L'on a fait] une laiterie [là] où logeaient des paons...
11. L'ensemble des équipements et des activités.

et serré [1], était mêlé de serpolet, de baume [2], de thym, de
marjolaine, et d'autres herbes odorantes. On y voyait
briller mille fleurs des champs, parmi lesquelles l'œil en
démêlait avec surprise quelques-unes de jardin, qui sem-
10 blaient croître naturellement avec les autres. Je rencontrais de temps en temps des touffes obscures, impé-
nétrables aux rayons du soleil, comme dans la plus épaisse
forêt ; ces touffes étaient formées des arbres du bois le
plus flexible, dont on avait fait recourber les branches,
15 pendre en terre, et prendre racine, par un art semblable
à ce que font naturellement les mangles [3] en Amérique.
Dans les lieux plus découverts je voyais çà et là, sans
ordre et sans symétrie, des broussailles de roses, de fram-
boisiers, de groseilles, des fourrés de lilas, de noisetier,
20 de sureau, de seringa, de genêt, de trifolium [4], qui paraient
la terre en lui donnant l'air d'être en friche. Je suivais

---

1. Caractéristiques du gazon anglais.
2. Menthe des jardins.
3. Ou plutôt les mangliers ou palétuviers.
4. Sorte de cytise.

● **L'Élysée de Julie**

Succédant à l'évocation de la vie à Clarens, une longue « rêverie »
sur le jardin de Mme de Wolmar s'intègre parfaitement au roman
d'amour. Cet « Élysée », jardin secret interdit au profane, est le
lieu d'élection de Julie, symbole de la purification intérieure vers
laquelle elle chemine depuis six ans. « L'être collectif de Clarens
se resserre ici dans son essence la plus pure. C'est le symbole de la
solitude délicieuse de l'âme innocente et comblée » (R. Mauzi,
L'idée du bonheur... au XVIIIe siècle, p. 372).
La description de ce jardin, dont le dessin va pourtant à l'en-
contre du jardin traditionnel, révèle une esthétique qui reste très
classique, où la Nature est dominée par l'homme. L'aspect
spontané et sauvage de ce « désert artificiel » n'est qu'illusion.
« La Nature a tout fait, mais sous ma direction » affirme Julie.
Chaque détail est voulu, chaque ligne, chaque plante correspond
à un projet bien défini. Une savante *économie* (dans les deux
sens du mot) préside à l'organisation de l'Élysée ; elle est particulièrement sensible dans l'irrigation du jardin.
Si bien que, grâce à ce travail minutieux, tout y est jouissance.
Rousseau décrit l'Élysée avec une abondance de mots concrets,
qui détaillent, en les savourant, les fleurs et les plantes, les mille
sensations de ce lieu propice à abriter les « doux loisirs » du promeneur et la méditation de Julie.

des allées tortueuses et irrégulières bordées de ces boca-
ges [5] fleuris, et couvertes de mille guirlandes de vigne de
Judée [6], de vigne vierge, de houblon, de liseron, de
25 couleuvrée [7], de clématite, et d'autres plantes de cette
espèce, parmi lesquelles le chèvrefeuille et le jasmin dai-
gnaient se confondre. Ces guirlandes semblaient jetées
négligemment d'un arbre à l'autre, comme j'en avais
remarqué quelquefois dans les forêts, et formaient sur
30 nous des espèces de draperies qui nous garantissaient
du soleil, tandis que nous avions sous nos pieds un mar-
cher doux, commode et sec, sur une mousse fine, sans
sable, sans herbe, et sans rejetons raboteux. Alors seulement je découvris, non sans surprise, que ces ombrages
35 verts et touffus, qui m'en avaient tant imposé de loin,
n'étaient formés que de ces plantes rampantes et para-
sites, qui, guidées le long des arbres, environnaient leurs
têtes du plus épais feuillage, et leurs pieds d'ombre et
de fraîcheur. J'observai même qu'au moyen d'une indus-
40 trie [8] assez simple on avait fait prendre racine sur les troncs
des arbres à plusieurs de ces plantes, de sorte qu'elles
s'étendaient davantage en faisant moins de chemin. Vous
concevez bien que les fruits ne s'en trouvent pas mieux de
toutes ces additions; mais dans ce lieu seul on a sacrifié
45 l'utile à l'agréable, et dans le reste des terres on a pris un
tel soin des plants et des arbres, qu'avec ce verger de moins
la récolte en fruits ne laisse pas d'être plus forte qu'auparavant. Si vous songez combien au fond d'un bois on est
charmé quelquefois de voir un fruit sauvage et même de
50 s'en rafraîchir, vous comprendrez le plaisir qu'on a de
trouver dans ce désert artificiel des fruits excellents et
mûrs, quoique clairsemés et de mauvaise mine; ce qui
donne encore le plaisir de la recherche et du choix.

Toutes ces petites routes étaient bordées et traversées
55 d'une eau limpide et claire, tantôt circulant parmi l'herbe
et les fleurs en filets presque imperceptibles, tantôt en
plus grands ruisseaux courant sur un gravier pur et mar-

---

5. Bosquets.
6. Douce-amère, plante sarmenteuse.
7. Variété de vigne vierge.
8. Activité habile et réfléchie : il s'agit sans doute de mettre de la terre dans des troncs
creux pour y faire pousser des espèces végétales.

queté [9] qui rendait l'eau plus brillante. On voyait des
sources bouillonner et sortir de la terre, et quelquefois des
60 canaux plus profonds dans lesquels l'eau calme et paisible
réfléchissait à l'œil les objets. « Je comprends à présent
tout le reste, dis-je à Julie ; mais ces eaux que je vois de
toutes parts... — Elles viennent de là, reprit-elle en me
montrant le côté où était la terrasse de son jardin. C'est ce
65 même ruisseau qui fournit à grand frais dans le parterre un
jet d'eau dont personne ne se soucie. M. de Wolmar ne
veut pas le détruire, par respect pour mon père qui l'a fait
faire ; mais avec quel plaisir nous venons tous les jours voir
courir dans ce verger cette eau dont nous n'approchons
70 guère au jardin ! Le jet d'eau joue pour les étrangers, le
ruisseau coule ici pour nous. Il est vrai que j'y ai réuni
l'eau de la fontaine publique, qui se rendait dans le lac
par le grand chemin, qu'elle dégradait au préjudice des
passants et à pure perte pour tout le monde. Elle faisait
75 un coude au pied du verger entre deux rangs de saules ;
je les ai renfermés dans mon enceinte, et j'y conduis la
même eau par d'autres routes. »

___

9. Marqué de taches (comme le marbre).

___

● **Le jardin à l'anglaise**

Faut-il lire cette page comme une simple concession de Rousseau au goût de l'époque ? Aux « jardins à la française » fondés
sur la symétrie, ses contemporains vont en effet préférer les
« jardins à l'anglaise » dont les lignes sinueuses et la flore variée
donnent l'illusion de la libre nature.

En réalité, ce choix de Rousseau l'amène à formuler deux principes essentiels de sa morale : « vivre pour vivre », « jouir
de soi-même ».

① Dans ce jardin ainsi dessiné et planté, le promeneur, délivré
de l'inquiétude et de l'obsession du temps, peut savourer toutes
les sensations délicieuses qui l'amènent à goûter pleinement le
« sentiment de l'existence » (cf. analyse plus précise dans la
Cinquième promenade).

② Le refus des perspectives et des lignes droites, dans ce jardin
d'où toute vue lointaine est bannie, ramène à la « jouissance de
soi » souhaitée par Rousseau. La voie est libre pour l'imagination
créatrice du poète et du romancier ; rien, dans ce jardin limité et
secret, ne s'opposera à la création d'un monde « selon son cœur »,
ou à la construction rationnelle de la société idéale.

Je vis alors qu'il n'avait été question que de faire
serpenter ces eaux avec économie en les divisant et réunis-
80 sant à propos, en épargnant la pente le plus qu'il était
possible, pour prolonger le circuit et se ménager le murmure de quelques petites chutes. Une couche de glaise
couverte d'un pouce de gravier du lac et parsemée de
coquillages formait le lit des ruisseaux. Ces mêmes ruis-
85 seaux, courant par intervalles sous quelques larges tuiles
recouvertes de terre et de gazon au niveau du sol, formaient à leur issue autant de sources artificielles. Quelques
filets s'en élevaient par des siphons sur des lieux raboteux
et bouillonnaient en retombant. Enfin la terre ainsi rafraî-
90 chie et humectée donnait sans cesse de nouvelles fleurs et
entretenait l'herbe toujours verdoyante et belle [...]

[*M. de Wolmar, qui accompagne Saint-Preux, énumère les
agréments du jardin à l'anglaise.*]

« Que fera donc l'homme de goût qui vit pour vivre, qui
sait jouir de lui-même, qui cherche les plaisirs vrais et
simples, et qui veut se faire une promenade à la porte
95 de sa maison? Il la fera si commode et si agréable qu'il
s'y puisse plaire à toutes les heures de la journée, et pourtant si simple et si naturelle qu'il semble n'avoir rien fait.
Il rassemblera l'eau, la verdure, l'ombre et la fraîcheur;
car la nature aussi rassemble toutes ces choses. Il ne don-
100 nera à rien de la symétrie; elle est ennemie de la nature et
de la variété; et toutes les allées d'un jardin ordinaire se
ressemblent si fort qu'on croit être toujours dans la
même : il élaguera le terrain pour s'y promener commo-
dément, mais les deux côtés de ses allées ne seront point
105 toujours exactement parallèles; la direction n'en sera pas
toujours en ligne droite, elle aura je ne sais quoi de vague
comme la démarche d'un homme oisif qui erre en se pro-
menant. Il ne s'inquiétera point de se percer au loin de
belles perspectives : le goût des points de vue et des loin-
110 tains vient du penchant qu'ont la plupart des hommes à
ne se plaire qu'où ils ne sont pas; ils sont toujours avides
de ce qui est loin d'eux; et l'artiste, qui ne sait pas les rendre assez contents de ce qui les entoure, se donne cette res-
source pour les amuser. Mais l'homme dont je parle n'a
115 pas cette inquiétude; et, quand il est bien où il est, il ne se
soucie point d'être ailleurs. Ici, par exemple, on n'a pas

de vue hors du lieu, et l'on est très content de n'en pas avoir. On penserait volontiers que tous les charmes de la nature y sont renfermés, et je craindrais fort que la
120 moindre échappée de vue au dehors n'ôtât beaucoup d'agrément à cette promenade*. Certainement tout homme qui n'aimera pas à passer les beaux jours dans un lieu si simple et si agréable n'a pas le goût pur ni l'âme saine. J'avoue qu'il n'y faut pas amener en pompe les
125 étrangers ; mais en revanche on s'y peut plaire soi-même, sans le montrer à personne. »

[*Le lendemain matin, Saint-Preux, seul dans cet Élysée, rêve à Julie, et, pour la première fois, se la représente, non pas telle qu'elle était autrefois, mais telle qu'elle est devenue.*]

LETTRE XII DE MADAME DE WOLMAR À MADAME D'ORBE

[*Dans le bosquet même où Saint-Preux a embrassé Julie pour la première fois (cf. Première partie, lettre XIV), M. de Wolmar fait à tous deux le récit de sa vie. Il apprend à Julie qu'avant de l'épouser, il connaissait déjà son secret. Il l'épousa cependant, parce qu'il l'aimait, et aussi parce qu'il comprit que son amour pouvait apporter à Julie ce que la fougueuse passion de Saint-Preux lui refuserait toujours : une vie heureuse dans la paix et l'innocence. Il veut maintenant guérir Saint-Preux comme il a guéri Julie...*]

... « Mes enfants, nous dit-il d'un ton d'autant plus touchant qu'il partait d'un homme tranquille, soyez ce que vous êtes, et nous serons tous contents. Le danger

---

* Je ne sais si l'on a jamais essayé de donner aux longues allées d'une étoile [1] une courbure légère, en sorte que l'œil ne pût suivre chaque allée tout à fait jusqu'au bout et que l'extrémité opposée en fût cachée au spectateur. On perdrait, il est vrai, l'agrément des points de vue ; mais on gagnerait l'avantage si cher aux propriétaires d'agrandir à l'imagination le lieu où l'on est ; et, dans le milieu d'une étoile assez bornée, on se croirait perdu dans un parc immense. Je suis persuadé que la promenade en serait aussi moins ennuyeuse, quoique plus solitaire ; car tout ce qui donne prise à l'imagination excite les idées et nourrit l'esprit. Mais les faiseurs de jardins ne sont pas gens à sentir ces choses-là. Combien de fois, dans un lieu rustique, le crayon leur tomberait des mains, comme à Le Nôtre dans le parc de Saint-James [2], s'ils connaissaient comme lui ce qui donne de la vie à la nature, et de l'intérêt à son spectacle ?

1. « Point central où aboutissent plusieurs allées, qui forment comme autant de rayons d'étoile » (Littré).
2. D'après Muralt, dans ses *Lettres sur les Anglais et les Français*, Le Nôtre, le dessinateur du parc de Versailles, consulté par Charles II sur le parc de Saint-James à Londres, lui aurait conseillé de n'y rien changer.

n'est que dans l'opinion : n'ayez pas peur de vous, et vous
5 n'aurez rien à craindre; ne songez qu'au présent, et je
vous réponds de l'avenir. Je ne puis vous en dire aujour-
d'hui davantage; mais si mes projets s'accomplissent, et
que mon espoir ne m'abuse pas, nos destinées seront
mieux remplies, et vous serez tous deux plus heureux que
10 si vous aviez été l'un à l'autre. »

En se levant il nous embrassa, et voulut que nous
nous embrassassions aussi, dans ce lieu... dans ce lieu
même où jadis... Claire, ô bonne Claire, combien tu m'as
toujours aimée! Je n'en fis aucune difficulté. Hélas! que
15 j'aurais eu tort d'en faire! Ce baiser n'eut rien de celui
qui m'avait rendu le bosquet redoutable : je m'en félicitai
tristement, et je connus que mon cœur était plus changé
que jusque-là je n'avais osé le croire.

● **La profanation du bosquet, ou la guérison de Julie**

M. de Wolmar nous a été connu d'abord par les propos de Julie;
puis il entre en scène (IVe partie, lettre IV) pour inviter Saint-
Preux à vivre à Clarens. Dans cette lettre XII, qu'on a pu appeler
« la confession de Wolmar », puis dans la lettre XIV qui est étroi-
tement solidaire de celle-ci, cet homme terriblement secret jusqu'alors fait son propre portrait moral.
Wolmar y définit une méthode de guérison de Julie, que R. Mauzi
(op. cit., p. 534-537) intègre aux « techniques rationnelles du
bonheur ». Wolmar, en effet, se présente comme « une âme tranquille et un cœur froid », dont « le seul principe actif est le goût
de l'ordre », et le désir le plus cher : étudier, du dehors, la société
pour en découvrir le secret fonctionnement. Cet observateur
croit parfaitement connaître le cœur des deux amants; il sait
que l'amour a ses lois, qu'il varie au gré du temps, que le souvenir
est le seul lien entre les « moi » successifs. Il faut donc détruire
le souvenir pour tuer l'amour.
D'où l'étrange et cruel processus de guérison :
— faire se retrouver Julie et Saint-Preux; ils constateront qu'ils
sont autres, et que leur amour n'existe que dans le passé;
— les faire vivre côte à côte dans un ordre nouveau;
— enfin, provoquer une crise aiguë, pour anéantir le passé.
Ce sera la « profanation » du bosquet (le terme est de Wolmar) :
les deux amants ne reconnaîtront pas l'ardeur d'autrefois.
Après le départ calculé de Wolmar, la tentation de Meillerie
achèvera la cure.
Cette méthode peut paraître odieuse; mais le pathétique est-il
loin? M. de Wolmar est-il aussi assuré qu'il veut bien le dire du
succès de l'entreprise? La lettre XIV nuancera.

Comme nous reprenions le chemin du logis, mon mari
[20] m'arrêta par la main, et, me montrant ce bosquet dont
nous sortions, il me dit en riant : « Julie, ne craignez plus
cet asile, il vient d'être profané. » Tu ne veux pas me
croire, cousine, mais je te jure qu'il a quelque don surnaturel pour lire au fond des cœurs; que le ciel le lui
[25] laisse toujours! Avec tant de sujet de me mépriser, c'est
sans doute à cet art que je dois son indulgence...

LETTRE XIV DE M. DE WOLMAR À MADAME D'ORBE

[*M. de Wolmar annonce ensuite à Julie et Saint-Preux qu'il
doit s'absenter quelques jours, et les laisser en tête-à-tête. A
Julie qui soulève des objections, il révèle qu'il se trouve possesseur
de toutes les lettres qu'elle a échangées avec Saint-Preux,
et qu'elle croyait brûlées. Elles lui sont, dit-il, les fondements
de sa sécurité, car elles montrent que les deux amants étaient
vertueux dans leur passion même (Lettres XII et XIII).*

*C'est à Claire qu'il va donner les raisons profondes de cette
attitude.*]

... J'ai fait une découverte que ni vous ni femme au
monde, avec toute la subtilité qu'on prête à votre sexe,
n'eussiez jamais faite, dont pourtant vous sentirez peut-
être l'évidence au premier instant, et que vous tiendrez au
[5] moins pour démontrée quand j'aurai pu vous expliquer
sur quoi je la fonde. De vous dire que mes jeunes gens sont
plus amoureux que jamais, ce n'est pas sans doute une
merveille [1] à vous apprendre. De vous assurer au contraire
qu'ils sont parfaitement guéris, vous savez ce que peuvent
[10] la raison, la vertu; ce n'est pas là non plus leur plus grand
miracle. Mais que ces deux opposés soient vrais en même
temps; qu'ils brûlent plus ardemment que jamais l'un
pour l'autre, et qu'il ne règne plus entre eux qu'un honnête attachement; qu'ils soient toujours amants et ne
[15] soient plus qu'amis; c'est, je pense, à quoi vous vous
attendez moins, ce que vous aurez plus de peine à comprendre, et ce qui est pourtant selon l'exacte vérité.

---

1. Nouvelle étonnante.

Telle est l'énigme que forment les contradictions fréquentes que vous avez dû remarquer en eux, soit dans
20 leurs discours [2], soit dans leurs lettres. Ce que vous avez écrit à Julie au sujet du portrait [3] a servi plus que tout le reste à m'en éclaircir le mystère; et je vois qu'ils sont toujours de bonne foi, même en se démentant sans cesse. Quand je dis eux, c'est surtout le jeune homme que j'en-
25 tends; car pour votre amie, on n'en peut parler que par conjecture; un voile de sagesse et d'honnêteté fait tant de replis autour de son cœur, qu'il n'est plus possible à l'œil humain d'y pénétrer, pas même au sien propre. La seule chose qui me fait soupçonner qu'il lui reste quelque
30 défiance à vaincre, est qu'elle ne cesse de chercher en elle-

---

2. Propos de conversation.
3. Le portrait de Julie qu'elle avait envoyé à Saint-Preux quand il était à Paris. A la demande de sa cousine, Claire venait de demander à Saint-Preux de le restituer; il s'y était farouchement refusé (Quatrième partie, lettre IX).

● M. de Wolmar, ou le « double » du romancier

Cette courte page a un double intérêt :
— elle complète notre connaissance de Wolmar;
— elle met en valeur les qualités de romancier de Rousseau.

① Le premier paragraphe est le chant de la lucidité triomphante. Wolmar est vraiment cet « œil vivant » que Rousseau souhaitait aussi être et qui permet de surprendre les secrets du cœur humain. Le secret de Saint-Preux est maintenant découvert : « Ce n'est pas de Julie de Wolmar qu'il est amoureux, c'est de Julie d'Étange... Il l'aime dans le temps passé : voilà le vrai mot de l'énigme. Otez-lui la mémoire, il n'aura plus d'amour ». Ainsi se justifie le processus de guérison, et en particulier la profanation du bosquet.

② Mais un vrai romancier sait qu'il n'est pas de personnage vivant sans zone d'ombre, sans réserve de mystère; et Wolmar aime trop Julie pour énoncer à son sujet un diagnostic définitif : « un voile de sagesse et d'honnêteté fait tant de replis autour de son cœur, qu'il n'est plus possible à l'œil humain d'y pénétrer, pas même au sien propre ». C'est cette complexité qui lui est chère. Cette soudaine hésitation dans son propos humanise Wolmar, et fonde, par là même, la vraisemblance du personnage, jusqu'alors trop sûr de lui.
Quant à la richesse de l'héroïne, elle s'affirmera, en découvertes imprévues, jusqu'à l'extrême fin du livre.

même ce qu'elle ferait si elle était tout à fait guérie, et le fait avec tant d'exactitude, que si elle était réellement guérie, elle ne le ferait pas si bien.

35 Pour votre ami, qui, bien que vertueux, s'effraye moins des sentiments qui lui restent, je lui vois encore tous ceux qu'il eut dans sa première jeunesse; mais je les vois sans avoir droit de m'en offenser. Ce n'est pas de Julie de Wolmar qu'il est amoureux, c'est de Julie d'Étange; il ne me hait point comme le possesseur de la personne qu'il 40 aime, mais comme le ravisseur de celle qu'il a aimée. La femme d'un autre n'est point sa maîtresse; la mère de deux enfants n'est plus son ancienne écolière. Il est vrai qu'elle lui ressemble beaucoup et qu'elle lui en rappelle souvent le souvenir. Il l'aime dans le temps passé : voilà le vrai mot 45 de l'énigme. Otez-lui la mémoire, il n'aura plus d'amour...

[*Et en effet, Saint-Preux confie à Milord Édouard qu'il craint moins la chute quand il est près de Julie. Mais un court billet de cette dernière à M. de Wolmar laisse deviner la crise qui vient de la secouer (Lettres XV et XVI).*]

LETTRE XVII DE SAINT-PREUX À MILORD ÉDOUARD

[*Cette crise, c'est le déchaînement soudain des tempêtes du cœur, accompagnées par celle de la nature. Saint-Preux a proposé à Julie une promenade en barque sur le lac Léman; surpris par un coup de vent, ils sont contraints de prendre terre à Meillerie, où Saint-Preux, dix années auparavant, avait connu « des jours si tristes et si délicieux » (Première partie, Lettre XXVI).*]

... Quand nous eûmes atteint ce réduit [1] et que je l'eus quelque temps contemplé : « Quoi! dis-je à Julie en la regardant avec un œil humide, votre cœur ne vous dit-il rien ici, et ne sentez-vous point quelque émotion secrète à 5 l'aspect d'un lieu si plein de vous? » Alors, sans attendre sa réponse, je la conduisis vers le rocher, et lui montrai

---

1. Un abri rocheux, d'où Saint-Preux pouvait apercevoir, sur la rive opposée, la maison où habitait Julie. *Cf.* estampe, p. 10, et dossier iconographique, p. 126.

son chiffre [2] gravé dans mille endroits, et plusieurs vers
de Pétrarque ou du Tasse relatifs à la situation où j'étais
en les traçant. En les revoyant moi-même après si long-
10 temps, j'éprouvai combien la présence des objets peut
ranimer puissamment les sentiments violents dont on
fut agité près d'eux [3]. Je lui dis avec un peu de véhémence :
« O Julie, éternel charme de mon cœur! Voici les lieux où
soupira jadis pour toi le plus fidèle amant du monde. Voici
15 le séjour où ta chère image [4] faisait son bonheur, et prépa-
rait celui qu'il reçut enfin de toi-même. On n'y voyait alors
ni ces fruits ni ces ombrages; la verdure et les fleurs ne
tapissaient point ces compartiments, le cours de ces ruisseaux n'en formait point les divisions; ces oiseaux n'y
20 faisaient point entendre leurs ramages; le vorace épervier,
le corbeau funèbre, et l'aigle terrible des Alpes, faisaient
seuls retentir de leurs cris ces cavernes; d'immenses glaces
pendaient à tous ces rochers; des festons de neige étaient
le seul ornement de ces arbres; tout respirait ici les
25 rigueurs de l'hiver et l'horreur des frimas; les feux seuls
de mon cœur me rendaient ce lieu supportable, et les jours
entiers s'y passaient à penser à toi. Voilà la pierre où je
m'asseyais pour contempler au loin ton heureux séjour;
sur celle-ci fut écrite la lettre qui toucha ton cœur [5]; ces
30 cailloux tranchants me servaient de burin pour graver ton
chiffre; ici je passai le torrent glacé pour reprendre une de
tes lettres qu'emportait un tourbillon; là je vins relire et
baiser mille fois la dernière que tu m'écrivis; voilà le bord
où d'un œil avide et sombre je mesurais la profondeur de
35 ces abîmes; enfin ce fut ici qu'avant mon triste départ je
vins te pleurer mourante [6] et jurer de ne te pas survivre.
Fille trop constamment aimée, ô toi pour qui j'étais né!
Faut-il me retrouver avec toi dans les mêmes lieux, et
regretter le temps que j'y passais à gémir de ton
40 absence?... » J'allais continuer; mais Julie, qui, me voyant
approcher du bord, s'était effrayée et m'avait saisi la main,

---

2. Ses initiales.
3. C'est ce que Rousseau appelle, à propos de la musique, le « caractère mémoratif des choses. »
4. Dans ce réduit, Saint-Preux imaginait Julie vaquant aux diverses occupations de la journée.
5. La lettre XXVI de la Première partie.
6. Après la fausse couche de Julie (fin de la Première partie).

la serra sans mot dire en me regardant avec tendresse et
retenant avec peine un soupir; puis tout à coup détournant
la vue et me tirant par le bras : « Allons-nous-en, mon
45 ami, me dit-elle d'une voix émue; l'air de ce lieu n'est pas
bon pour moi. » Je partis avec elle en gémissant, mais sans
lui répondre, et je quittai pour jamais ce triste réduit
comme j'aurais quitté Julie elle-même.

Revenus lentement au port après quelques détours,
50 nous nous séparâmes. Elle voulut rester seule, et je conti-
nuai de me promener sans trop savoir où j'allais. A mon
retour, le bateau n'étant pas encore prêt ni l'eau tranquille, nous soupâmes tristement, les yeux baissés, l'air
rêveur, mangeant peu et parlant encore moins. Après le
55 souper, nous fûmes nous asseoir sur la grève en attendant
le moment du départ. Insensiblement la lune se leva, l'eau

LES « MONUMENTS DES ANCIENNES AMOURS »

● La lettre XVII

Rousseau avait, pour cette dernière lettre de la Quatrième
partie, comme pour la lettre de l'Élysée, une prédilection particulière : « Quiconque en lisant ces deux lettres ne sent pas amollir
et fondre son cœur dans l'attendrissement qui me les dicta, doit
fermer le livre : il n'est pas fait pour juger des choses de sentiment » (*Confessions*, livre IX).
Elle comprend trois grands mouvements, d'une longueur à peu
près égale : la promenade sur le lac et le récit de la tempête; le
pèlerinage aux « monuments des anciennes amours »; le nocturne avec « l'horrible tentation ». Nous ne pouvons donner ici
que la fin du deuxième, et le troisième presque entier.

● La tirade de Saint-Preux

Saint-Preux, ayant conduit Julie dans un décor naturel qui fut le
témoin des tourments et des espoirs de sa passion, subit les
effets de la brusque résurrection du passé. D'où ce « grand air
d'opéra, avec ses cris, ses agitations, ses transports, les grands
alexandrins, les séries d'octosyllabes et les savantes ruptures de
rythme » (B. Guyon), qui supporte une certaine banalité de
langage et de style, parce que l'essentiel en est le rythme, inspiré
par un mouvement profond de l'âme.
A son exaltation s'opposent le calme et la pudeur de Julie. Sa
frayeur et son émotion devant le danger physique et moral auquel
s'expose son amant ne se traduisent que par des gestes, et quelques mots murmurés.

devint plus calme, et Julie me proposa de partir. Je lui donnai la main pour entrer dans le bateau ; et, en m'asseyant à côté d'elle, je ne songeai plus à quitter sa
60 main. Nous gardions un profond silence. Le bruit égal et mesuré [7] des rames m'excitait à rêver. Le chant assez gai des bécassines *, me retraçant les plaisirs d'un autre âge, au lieu de m'égayer, m'attristait. Peu à peu je sentis aug-

---

* La bécassine du lac de Genève n'est point l'oiseau qu'on appelle en France du même nom. Le chant plus vif et plus animé de la nôtre donne au lac, durant les nuits d'été, un air de vie et de fraîcheur qui rend ses rives encore plus charmantes.

7. Régulier.

● Le nocturne

Contentons-nous de suggérer quelques-unes des raisons qui ont fait de cette page l'une des plus célèbres de notre littérature :
— Le thème dominant est le thème de l'eau, dont le rôle symbolique dans le roman est capital. Elle est un obstacle, par ses tempêtes (elle a failli dans la matinée submerger l'embarcation des amants), ses surfaces (elle a séparé Saint-Preux de Julie pendant son long voyage sur les océans), ses profondeurs (elle tuera Julie quand Julie s'y jettera pour sauver son enfant). Mais elle est aussi le symbole du désir et de la rêverie : c'est l'eau qui, par exemple, nourrit et décore l'Élysée de Julie...
— Le paysage est celui d'un « nocturne ». De cette rive sud du lac de Genève, que Rousseau a déjà décrite comme sauvage, solitaire, déserte, et bien faite pour évoquer l'exil, disparaît tout pittoresque à la faveur de la nuit. La nature est interprétée au niveau des impressions produites sur les nerfs qu'elle règle ou dérègle ; sorte de complice, elle isole les amants du reste du monde, et recrée entre eux une dangereuse intimité.
— La source de l'enchantement est peut-être surtout le silence des êtres et des choses, au milieu duquel des sons réguliers, légers, presque insignifiants, avivent la sensibilité et favorisent l'éclosion du souvenir. Cette atmosphère impose peu à peu un sentiment de tristesse, d'abord vague et diffuse, qui se transforme ensuite en des « accès de fureur et de rage ».
— Il y a enfin la musique des mots et du rythme. Toute la fin de cette lettre a souvent été comparée à une composition symphonique ; et à propos de ce passage B. Guyon a écrit : « Par des cadences discrètes, mystérieuses, des alternances raffinées de parfaits aux sonorités aiguës nuancés par des adverbes de durée, et d'imparfaits qui, par eux-mêmes, font sentir la durée, par les finales suaves en -âmes et en -ûmes, il fait glisser sur nos cœurs et sur nos nerfs une musique de rêve à laquelle il n'est rien de comparable, sinon la *Kleine Nachtmusik* » (= la *Petite musique de nuit*, de Mozart).

menter la mélancolie dont j'étais accablé. Un ciel serein,
65 les doux rayons de la lune, le frémissement argenté dont
l'eau brillait autour de nous, le concours des plus agréables sensations, la présence même de cet objet [8] chéri,
rien ne put détourner de mon cœur mille réflexions douloureuses.

70 Je commençai par me rappeler une promenade semblable faite autrefois avec elle durant le charme de nos
premières amours. Tous les sentiments délicieux qui
remplissaient alors mon âme s'y retracèrent pour l'affliger; tous les événements de notre jeunesse, nos études, nos
75 entretiens, nos lettres, nos rendez-vous, nos plaisirs,

> *E tanta fede, e si dolci memorie,*
> *E si lungo costume* [9] *!*

ces foules de petits objets qui m'offraient l'image de mon
bonheur passé, tout revenait, pour augmenter ma misère
80 présente, prendre place en mon souvenir. C'en est fait,
disais-je en moi-même; ces temps, ces temps heureux
ne sont plus; ils ont disparu pour jamais. Hélas! Ils ne
reviendront plus; et nous vivons, et nous sommes ensemble, et nos cœurs sont toujours unis! Il me semblait que
85 j'aurais porté [10] plus patiemment sa mort ou son absence,
et que j'avais moins souffert tout le temps que j'avais
passé loin d'elle. Quand je gémissais dans l'éloignement,
l'espoir de la revoir soulageait mon cœur; je me flattais
qu'un instant de sa présence effacerait toutes mes peines;
90 j'envisageais au moins dans les possibles un état moins
cruel que le mien. Mais se trouver auprès d'elle, mais la
voir, la toucher, lui parler, l'aimer, l'adorer, et, presque en
la possédant encore, la sentir perdue à jamais pour moi;
voilà ce qui me jetait dans des accès de fureur [11] et de rage
95 qui m'agitèrent par degrés jusqu'au désespoir. Bientôt
je commençai de rouler dans mon esprit des projets
funestes, et, dans un transport dont je frémis en y pensant,
je fus violemment tenté de la précipiter avec moi dans les

---

8. Être.
9. Vers du poète italien Métastase (1678-1782), que Rousseau traduit ainsi : « Et cette
foi si pure et ces doux souvenirs, et cette longue familiarité. »
10. Supporté.
11. De folie.

flots, et d'y finir dans ses bras ma vie et mes longs tour-
100 ments. Cette horrible tentation devint à la fin si forte, que
je fus obligé de quitter brusquement sa main pour passer
à la pointe du bateau.

Là mes vives agitations commencèrent à prendre un
autre cours; un sentiment plus doux s'insinua peu à peu
105 dans mon âme, l'attendrissement surmonta le désespoir,
je me mis à verser des torrents de larmes, et cet état, com-
paré à celui dont je sortais, n'était pas sans quelques plaisirs [12]. Je pleurai fortement, longtemps, et fus soulagé.
Quand je me trouvai bien remis, je revins auprès de Julie;
110 je repris sa main. Elle tenait son mouchoir; je le sentis
fort mouillé. « Ah! lui dis-je tout bas, je vois que nos
cœurs n'ont jamais cessé de s'entendre! — Il est vrai, dit-
elle d'une voix altérée; mais que ce soit la dernière fois
qu'ils auront parlé sur ce ton. » Nous recommençâmes
115 alors à causer tranquillement, et au bout d'une heure de

---

12. Une variante : « sans quelque douceur ».

● **« L'horrible tentation »**

Le désespoir de Saint-Preux ne vient pas de ce que, à jamais privé
de la « possession » de Julie, il se révolte contre les lois de la
morale et de la société; mais Saint-Preux constate la coïncidence
contradictoire, dans le présent, du bonheur et du malheur, de la
présence et de la perte de celle qu'il aime. L'idée du double suicide
naît donc du sentiment aigu d'une contradiction dont on ne peut
sortir que par une résolution extrême.
Mais la vertu n'est jamais perdue de vue dans cette page. Certes
« Rousseau avait un moment songé à donner une fin tragique à
la fameuse promenade nocturne de Julie et de Saint-Preux sur le
lac : une bourrasque aurait fait chavirer le canot, et l'amour impossible aurait trouvé son accomplissement dans la mort simultanée
des deux amants. Mais un tel dénouement aurait fait perdre toute
sa portée à la dialectique du progrès des âmes : le roman se serait
achevé par le triomphe de la passion sous sa forme la plus dévas-
tatrice » (J. Starobinski, *La transparence et l'obstacle*). D'ailleurs
Saint-Preux, malgré l'attendrissement et une certaine facilité
d'âme (la main de Julie qu'il prend sans qu'elle songe à la lui
retirer...), ne cherche pas à abuser de la faiblesse de Julie et des
circonstances, mais à mourir avec elle; la tentation est la mort
à deux, non la séduction. La conclusion n'est pas le triomphe de
la passion, mais, dans les larmes, un retour à la sagesse et à la
résignation.

navigation nous arrivâmes sans autre accident. Quand nous fûmes rentrés, j'aperçus à la lumière qu'elle avait les yeux rouges et fort gonflés; elle ne dut pas trouver les miens en meilleur état. Après les fatigues de cette journée, 120 elle avait grand besoin de repos; elle se retira, et je fus me coucher.

Voilà, mon ami, le détail du jour de ma vie où, sans exception, j'ai senti les émotions les plus vives. J'espère qu'elles seront la crise [13] qui me rendra tout à fait à moi. 125 Au reste, je vous dirai que cette aventure m'a plus convaincu que tous les arguments de la liberté de l'homme et du mérite de la vertu. Combien de gens sont faiblement tentés et succombent? Pour Julie, mes yeux le virent et mon cœur le sentit : elle soutint ce jour-là le plus grand 130 combat qu'âme humaine ait pu soutenir; elle vainquit pourtant. Mais qu'ai-je fait pour rester si loin d'elle?...

---

13. Le mot avait surtout un sens médical à l'époque : « Changement qui survient dans le cours d'une maladie et s'annonce par quelques phénomènes particuliers » (Littré).

Vue des Charmettes, habitation de J.-J. Rousseau.

CINQUIÈME PARTIE

[*Après la crise de Meillerie, Saint-Preux se sent apaisé. Les habitants de Clarens, autour de lui, mènent une vie uniforme et retirée, et cependant heureuse. Julie anime cette communauté, et à tous, elle apprend à jouir raisonnablement de tous les plaisirs.*]

... Julie a l'âme et le corps également sensibles. La même délicatesse règne dans ses sentiments et dans ses organes. Elle était faite pour connaître et goûter tous les plaisirs, et longtemps elle n'aima si chèrement la vertu même que
5 comme la plus douce des voluptés. Aujourd'hui qu'elle sent en paix cette volupté suprême, elle ne se refuse aucune de celles qui peuvent s'associer avec celle-là : mais sa manière de les goûter ressemble à l'austérité de ceux qui s'y refusent, et l'art de jouir est pour elle celui des priva-

---

● **Un art de vivre**

La cinquième partie s'ouvre de nouveau sur la vie à Clarens; l'itinéraire spirituel de Julie se poursuit.

Pour définir le style de vie de la maison de Clarens, Rousseau pose deux principes essentiels :

① Le premier refuse les jouissances artificielles de la vie mondaine (cf. les lettres sur Paris). Par contre, tous les plaisirs qui satisfont la nature et correspondent à des besoins du corps et de l'esprit sont autorisés, et Rousseau s'insurge contre les vaines austérités d'un christianisme mal entendu (cf. l'accueil libéral fait à ses hôtes par Mme de Warens, livre III des *Confessions*).

② Le second principe, celui de la « volupté tempérante », fonde un véritable « art de jouir » qui n'a rien à voir avec la satisfaction grossière et immodérée des appétits. Julie veut jouir de tous les plaisirs de cette courte vie; mais elle sait qu'il faut lutter contre l'habitude qui mène à la satiété, et, dans un singulier mélange d'épicurisme et de stoïcisme, elle veut « rester maîtresse d'elle-même », « accoutumer ses passions à l'obéissance », « plier ses désirs à la règle », et, en toute lucidité, « jouir sans inquiétude de ce qu'on peut perdre sans peine » (cf. *Émile* : « apprends à perdre ce qui peut t'être enlevé »). Ainsi pense-t-elle définir « le vrai bonheur » du « sage ».

[10] tions; non de ces privations pénibles et douloureuses qui blessent la nature, et dont son auteur dédaigne l'hommage insensé, mais des privations passagères et modérées qui conservent à la raison son empire, et servant d'assaisonnement au plaisir en préviennent[1] le dégoût et l'abus. [15] Elle prétend que tout ce qui tient aux sens et n'est pas nécessaire à la vie change de nature aussitôt qu'il tourne en habitude, qu'il cesse d'être un plaisir en devenant un besoin, que c'est à la fois une chaîne qu'on se donne et une jouissance dont on se prive, et que prévenir toujours les [20] désirs n'est pas l'art de les contenter, mais de les éteindre. Tout celui qu'elle emploie à donner du prix aux moindres choses est de se les refuser vingt fois pour en jouir une. Cette âme simple se conserve ainsi son premier ressort : son goût ne s'use point; elle n'a jamais besoin de le rani- [25] mer par des excès, et je la vois souvent savourer avec délices un plaisir d'enfant qui serait insipide à tout autre.

Un objet[2] plus noble qu'elle se propose encore en cela est de rester maîtresse d'elle-même, d'accoutumer ses passions à l'obéissance, et de plier tous ses désirs à la règle. [30] C'est un nouveau moyen d'être heureuse; car on ne jouit sans inquiétude que de ce qu'on peut perdre sans peine; et si le vrai bonheur appartient au sage, c'est parce qu'il est de tous les hommes celui à qui la fortune peut le moins ôter.

[35] Ce qui me paraît le plus singulier dans sa tempérance, c'est qu'elle la suit sur les mêmes raisons qui jettent les voluptueux dans l'excès. « La vie est courte, il est vrai, dit-elle; c'est une raison d'en user jusqu'au bout, et de dispenser[3] avec art sa durée, afin d'en tirer le meilleur [40] parti qu'il est possible. Si un jour de satiété nous ôte un an de jouissance, c'est une mauvaise philosophie d'aller toujours jusqu'où le désir nous mène, sans considérer si nous ne serons pas plus tôt au bout de nos facultés que de notre carrière[4], et si notre cœur épuisé ne mourra [45] point avant nous. Je vois que ces vulgaires épicuriens pour ne vouloir jamais perdre une occasion les perdent toutes,

---

1. « Aller au devant de quelque chose pour le détourner » (Littré).
2. Une intention.
3. Répartir ses différents moments.
4. Temps d'existence.

et, toujours ennuyés au sein des plaisirs, n'en savent
jamais trouver aucun. Ils prodiguent le temps qu'ils
pensent économiser, et se ruinent comme les avares pour
50 ne savoir rien perdre à propos. Je me trouve bien de la
maxime opposée [5], et je crois que j'aimerais encore mieux
sur ce point trop de sévérité que de relâchement. Il
m'arrive quelquefois de rompre une partie de plaisir par
la seule raison qu'elle m'en fait trop; en la renouant j'en
55 jouis deux fois. Cependant je m'exerce à conserver sur
moi l'empire de ma volonté, et j'aime mieux être taxée de
caprice que de me laisser dominer par mes fantaisies. » [...]

[*C'est par exemple dans le domaine de la gastronomie que
Julie a l'occasion d'appliquer ses principes.*]

Il y a au premier étage une petite salle à manger différente de celle où l'on mange ordinairement, laquelle est
60 au rez-de-chaussée. Cette salle particulière est à l'angle
de la maison et éclairée de deux côtés; elle donne par
l'un sur le jardin, au delà duquel on voit le lac à travers
les arbres; par l'autre on aperçoit ce grand coteau de
vignes qui commencent d'étaler aux yeux les richesses
65 qu'on y recueillera dans deux mois. Cette pièce est
petite, mais ornée de tout ce qui peut la rendre agréable et
riante. C'est là que Julie donne ses petits festins à son
père, à son mari, à sa cousine, à moi, à elle-même, et
quelquefois à ses enfants. Quand elle ordonne d'y mettre
70 le couvert on sait d'avance ce que cela veut dire, et M. de
Wolmar l'appelle en riant le salon d'Apollon [6]; mais ce
salon ne diffère pas moins de celui de Lucullus par le
choix des convives que par celui des mets. Les simples
hôtes n'y sont point admis, jamais on n'y mange quand on
75 a des étrangers; c'est l'asile inviolable de la confiance,
de l'amitié, de la liberté. C'est la société des cœurs qui lie
en ce lieu celle de la table; elle est une sorte d'initiation

---

5. C'est-à-dire des règles de vie des stoïciens.
6. Allusion à une anecdote rapportée par Plutarque (*Vie de Lucullus*, 82). Le gastronome
Lucullus reçut un jour à l'improviste Cicéron et Pompée. Il les pria d'abord de revenir
un autre jour, pour qu'il pût se préparer à les recevoir dignement. Cédant à leur insistance,
il se contenta de dire à son maître d'hôtel qu'il voulait souper dans la « Salle d'Apollon »,
où fut servi un repas luxueux. Pompée et Cicéron furent surpris par la rapidité et la magni-
ficence du service : ils ignoraient que chez leur hôte la qualité du repas devait correspondre
à la salle où il aurait lieu.

à l'intimité, et jamais il ne s'y rassemble que des gens
qui voudraient n'être plus séparés. Milord, la fête vous
80 attend, et c'est dans cette salle que vous ferez ici votre
premier repas.

Je n'eus pas d'abord le même honneur. Ce ne fut qu'à
mon retour de chez Mme d'Orbe que je fus traité dans le
salon d'Apollon. Je n'imaginais pas qu'on pût rien ajouter
85 d'obligeant à la réception qu'on m'avait faite; mais ce
souper me donna d'autres idées. J'y trouvai je ne sais
quel délicieux mélange de familiarité, de plaisir, d'union,
d'aisance, que je n'avais point encore éprouvé. Je me
sentais plus libre sans qu'on m'eût averti de l'être; il me
90 semblait que nous nous entendions mieux qu'auparavant.
L'éloignement des domestiques m'invitait à n'avoir plus
de réserve au fond de mon cœur; et c'est là qu'à l'instance
de Julie je repris l'usage, quitté depuis tant d'années,
de boire avec mes hôtes du vin pur [7] à la fin du repas.
95 Ce souper m'enchanta : j'aurais voulu que tous nos
repas se fussent passés de même. « Je ne connaissais point
cette charmante salle, dis-je à Mme de Wolmar; pourquoi n'y mangez-vous pas toujours? — Voyez, dit-elle,
elle est si jolie! ne serait-ce pas dommage de la gâter? »
100 Cette réponse me parut trop loin de son caractère pour
n'y pas soupçonner quelque sens caché. « Pourquoi du
moins, repris-je, ne rassemblez-vous pas toujours autour

---

7. A Paris, Saint-Preux s'était enivré; et une lettre indignée de Julie l'avait amené
à renoncer au vin pur (Deuxième partie, lettres XXVI et XXVII).

● Le salon d'Apollon

C'est le pendant de l'Élysée. Même déguisement mythologique,
qui le retire à la réalité quotidienne; même destination : interdit
aux étrangers, il est « l'asile inviolable de la confiance, de l'amitié, de la liberté ». L'art de jouir ensemble de mets simples mais
exquis, joint à « la société des cœurs », mène à cet épanouissement
dans ce que Rousseau nomme « la fête », notion essentielle pour
lui, moment unique où règne enfin la transparence, donc l'intimité (cf. Rêveries, 9ᵉ promenade).
Une seule ombre : Julie fait servir trop rarement dans le salon
d'Apollon... Car elle sait ce qui guette toute perfection : « L'ennui
d'être toujours à son aise est le pire de tous . »
Entre les tourments de la passion et la vie paisible de Clarens,
l'équilibre est difficile. Julie nous le dira bientôt.

de vous les mêmes commodités qu'on trouve ici, afin
de pouvoir éloigner vos domestiques et causer plus en
105 liberté? — C'est, me répondit-elle encore, que cela serait
trop agréable, et que l'ennui d'être toujours à son aise
est enfin le pire de tous. » Il ne m'en fallut pas davantage
pour concevoir son système; et je jugeai qu'en effet l'art
d'assaisonner les plaisirs n'est que celui d'en être
110 avare [...]

LETTRE III DE SAINT-PREUX À MILORD ÉDOUARD

[*Dans cette vie heureuse, Saint-Preux apprécie particulièrement des moments privilégiés : cette « matinée à l'anglaise »
par exemple, où il goûte « le plaisir d'être ensemble et la douceur
du recueillement. »*]

... Il est sûr que cet état de contemplation fait un des
grands charmes des hommes sensibles. Mais j'ai toujours
trouvé que les importuns empêchaient de le goûter,
et que les amis ont besoin d'être sans témoin pour pou-
5 voir ne se rien dire qu'à leur aise. On veut être recueillis,
pour ainsi dire, l'un dans l'autre : les moindres distractions sont désolantes, la moindre contrainte est insupportable. Si quelquefois le cœur porte un mot à la bouche,
il est si doux de pouvoir le prononcer sans gêne! Il semble
10 qu'on n'ose penser librement ce qu'on n'ose dire de
même; il semble que la présence d'un seul étranger
retienne le sentiment et comprime des âmes qui s'enten-
draient si bien sans lui.
   Deux heures se sont ainsi écoulées entre nous dans
15 cette immobilité d'extase, plus douce mille fois que le
froid repos des dieux d'Épicure [1]. Après le déjeuner [2], les
enfants sont entrés comme à l'ordinaire dans la chambre
de leur mère; mais au lieu d'aller ensuite s'enfermer avec
eux dans le gynécée [3] selon sa coutume, pour nous dédom-

---

1. Pour Épicure, les dieux restent indifférents aux affaires humaines (*cf.* Lucrèce, *De
rerum Natura*).
2. Ce que nous appelons le petit déjeuner, le « dîner » étant ce que nous appelons déjeuner.
3. « Appartement des femmes » (Note de Rousseau, dans la lettre X de la Quatrième
partie), où Julie se retirait avec ses enfants, ses servantes et leurs amies, à l'exclusion de
tous hommes.

[20] mager en quelque sorte du temps perdu sans nous voir,
elle les fait rester avec elle, et nous ne nous sommes
point quittés jusqu'au dîner. Henriette [4], qui commence à
savoir tenir l'aiguille, travaillait assise devant la
Fanchon [5], qui faisait de la dentelle, et dont l'oreiller
[25] posait sur le dossier de sa petite chaise. Les deux garçons [6]
feuilletaient sur une table un recueil d'images dont l'aîné
expliquait les sujets au cadet. Quand il se trompait,
Henriette attentive, et qui sait le recueil par cœur, avait
soin de le corriger. Souvent, feignant d'ignorer à quelle
[30] estampe ils étaient, elle en tirait un prétexte de se lever,
d'aller et venir de sa chaise à la table et de la table à la
chaise. Ces promenades ne lui déplaisaient pas, et lui atti-
raient toujours quelque agacerie de la part du petit *mali* [7] ;
quelquefois même il s'y joignait un baiser que sa bouche
[35] enfantine sait mal appliquer encore, mais dont Henriette,
déjà plus savante, lui épargne volontiers la façon. Pendant
ces petites leçons, qui se prenaient et se donnaient sans
beaucoup de soin, mais aussi sans la moindre gêne, le
cadet comptait furtivement des onchets [8] de buis qu'il
[40] avait cachés sous le livre.

Mᵐᵉ de Wolmar brodait près de la fenêtre vis-à-vis
des enfants; nous étions, son mari et moi, encore autour
de la table à thé, lisant la gazette, à laquelle elle prêtait
assez peu d'attention. Mais à l'article de la maladie du
[45] roi de France et de l'attachement singulier de son
peuple [9], qui n'eut jamais d'égal que celui des Romains
pour Germanicus [10], elle a fait quelques réflexions sur le
bon naturel de cette nation douce et bienveillante, que
toutes haïssent et qui n'en hait aucune, ajoutant qu'elle
[50] n'enviait du rang suprême que le plaisir de s'y faire aimer.
« N'enviez rien, lui a dit son mari d'un ton qu'il m'eût dû
laisser prendre [11]; il y a longtemps que nous sommes tous

---

4. La fille de Claire.
5. La femme de chambre.
6. Les enfants de Julie.
7. Déformation enfantine de mari.
8. Ou jonchets : bâtonnets qu'on jette pêle-mêle sur une table, pour les retirer un à un sans faire bouger les autres.
9. Louis XV tomba gravement malade à Metz en août 1744; cette maladie suscita en France une grande émotion.
10. Fils adoptif de Tibère adoré des Romains pour sa bonté et sa justice.
11. Puisqu'habituellement M. de Wolmar se laisse peu émouvoir, au contraire de Saint-Preux.

vos sujets. » A ce mot, son ouvrage est tombé de ses
mains ; elle a tourné la tête, et jeté sur son digne époux un
55 regard si touchant, si tendre, que j'en ai tressailli moi-
même. Elle n'a rien dit : qu'eût-elle dit qui valût ce
regard ? Nos yeux se sont aussi rencontrés. J'ai senti, à la
manière dont son mari m'a serré la main, que la même
émotion nous gagnait tous trois, et que la douce influence
60 de cette âme expansive agissait autour d'elle et triomphait
de l'insensibilité même.

C'est dans ces dispositions qu'a commencé le silence dont
je vous parlais : vous pouvez juger qu'il n'était pas
de froideur et d'ennui. Il n'était interrompu que par
65 le petit manège des enfants ; encore, aussitôt que nous
avons cessé de parler, ont-ils modéré par imitation leur
caquet, comme craignant de troubler le recueillement
universel. C'est la petite surintendante [12] qui la première
s'est mise à baisser la voix, à faire signe aux autres, à
70 courir sur la pointe du pied ; et leurs jeux sont devenus
d'autant plus amusants que cette légère contrainte y
ajoutait un nouvel intérêt. Ce spectacle, qui semblait être
mis sous nos yeux pour prolonger notre attendrissement,
a produit son effet naturel.

75   *Ammusticon le lingue, e parlan l'alme* [13].

Que de choses se sont dites sans ouvrir la bouche !
Que d'ardents sentiments se sont communiqués sans la
froide entremise de la parole ! Insensiblement Julie s'est

---

12. Surnom donné à Henriette.
13. Rousseau cite ici un vers de Marini, et le traduit ainsi : « Les langues se taisent
mais les cœurs parlent. »

● **Le temps immobile de Clarens : la « matinée à l'anglaise »**

Le bonheur des hôtes de Clarens s'établit dans la durée ; les deux
conditions nécessaires à cet état exceptionnel sont en effet
réalisées : l'union des cœurs, et le silence.
Nous retrouvons dans cette page « quelques-uns des mots-clés de
la langue de Rousseau, ceux par lesquels il a imposé pour jamais
sa marque originale à la sensibilité française : contemplation,
rêverie, ravissement, extase » (B. Guyon), mots essentiels pour
définir l'aboutissement de la recherche de Rousseau : l'adhésion
à soi, la communion avec les autres, dans la sérénité enfin trouvée.

laissée absorber à celui qui dominait tous les autres. Ses
80 yeux se sont tout à fait fixés sur ses trois enfants, et son
cœur, ravi dans une si délicieuse extase, animait son charmant visage de tout ce que la tendresse maternelle eut
jamais de plus touchant...

LETTRE V DE SAINT-PREUX À MILORD ÉDOUARD

[*A son correspondant qui lui a annoncé son intention de
passer l'hiver à Clarens (Lettre IV), Saint-Preux révèle que
Julie a une raison de ne pas être complètement heureuse :
M. de Wolmar « se fit athée [...] et n'a cessé d'être athée que
pour devenir sceptique » (c'est-à-dire agnostique).*]

...Voilà le mari que le ciel destinait à cette Julie en qui
vous connaissez une foi si simple et une piété si douce.
Mais il faut avoir vécu aussi familièrement avec elle que
sa cousine et moi, pour savoir combien cette âme tendre
5 est naturellement portée à la dévotion. On dirait que
rien de terrestre ne pouvant suffire au besoin d'aimer
dont elle est dévorée, cet excès de sensibilité soit forcé
de remonter à sa source. Ce n'est point comme sainte
Thérèse [1] un cœur amoureux qui se donne le change et
10 veut se tromper d'objet; c'est un cœur vraiment inta-
rissable que l'amour ni l'amitié n'ont pu épuiser, et qui
porte ses affections surabondantes au seul être digne
de les absorber *. L'amour de Dieu ne le détache point
des créatures; il ne lui donne ni dureté ni aigreur. Tous
15 ces attachements produits par la même cause, en s'ani-
mant l'un par l'autre, en deviennent plus charmants et
plus doux; et, pour moi, je crois qu'elle serait moins
dévote si elle aimait moins tendrement son père, son mari,
ses enfants, sa cousine, et moi-même.
20 Ce qu'il y a de singulier, c'est que plus elle l'est, moins
elle croit l'être, et qu'elle se plaint de sentir en elle-même
une âme aride qui ne sait point aimer Dieu. « On a beau

---

* Comment! Dieu n'aura donc que les restes des créatures? Au contraire, ce que les créatures peuvent occuper du cœur humain est si peu de chose, que, quand on croit l'avoir rempli
d'elles, il est encore vide. Il faut un objet infini pour le remplir.

1. Sainte Thérèse d'Avila (1515-1582) : Rousseau met en doute la qualité de son mysti-
cisme.

faire, dit-elle souvent, le cœur ne s'attache que par l'entremise des sens ou de l'imagination qui les représente :
25 et le moyen de voir ou d'imaginer l'immensité du grand
Être *? Quand je veux m'élever à lui je ne sais où je
suis; n'apercevant aucun rapport entre lui et moi, je ne
sais par où l'atteindre, je ne vois ni ne sens plus rien,
je me trouve dans une espèce d'anéantissement; et, si
30 j'osais juger d'autrui par moi-même, je craindrais que les
extases des mystiques ne vinssent moins d'un cœur plein
que d'un cerveau vide.

Que faire donc, continua-t-elle, pour me dérober aux
fantômes d'une raison qui s'égare? Je substitue un culte
35 grossier, mais à ma portée, à ces sublimes contemplations

---

* Il est certain qu'il faut se fatiguer l'âme pour l'élever aux sublimes idées de la Divinité.
Un culte plus sensible repose l'esprit du peuple : il aime qu'on lui offre des objets de piété
qui le dispensent de penser à Dieu. Sur ces maximes, les catholiques ont-ils mal fait de remplir
leurs légendes, leurs calendriers, leurs églises, de petits anges, de beaux garçons, et de jolies
saintes ? L'enfant Jésus entre les bras d'une mère charmante et modeste est en même temps un
des plus touchants et des plus agréables spectacles que la dévotion chrétienne puisse offrir aux
yeux des fidèles.

● La piété de Julie

L'expression de ses idées religieuses fut pour Rousseau la raison
essentielle de prolonger son roman. Les deux dernières parties
nous livrent en effet le terme de cet itinéraire spirituel qui, de la
Lettre à Voltaire (1756), aboutit à une première rédaction de la
Profession de foi du vicaire savoyard (1757-1758). Rousseau va
ainsi donner au conflit qui déchire ses contemporains un tour
dramatique en l'insérant dans son roman. « Après *La Princesse
de Clèves* il va refaire *Polyeucte* » (B. Guyon).
Au début de cette lettre, Wolmar nous est présenté comme un
athée, qui refuse des rites et des dogmes ridicules; puis comme
un sceptique, ce qui est plus grave : il pense que la raison est
impuissante à découvrir la vérité.
C'est Julie qui incarne la religiosité de Rousseau; Julie « en qui
— écrit Saint-Preux — vous connaissez une foi si simple et une
piété si douce », et dont le seul tourment est l'incroyance de son
époux. Selon la plus authentique doctrine chrétienne, le rayonnement de son amour s'étend sur Dieu et les créatures, présentés
comme indissociables. Sa raison lui interdit, certes, de cerner avec
précision « l'Être infini »; d'où l'aspect uniquement sensible
et le caractère d'immédiateté de sa religion. Dieu est le Père
commun des hommes, et la prière de Julie une constante action
de grâces rendues à la Providence. Mais il n'est nul besoin d'un
Christ rédempteur et médiateur.

qui passent [2] mes facultés. Je rabaisse à regret la majesté
divine; j'interpose entre elle et moi des objets sensibles;
ne la pouvant contempler dans son essence, je la contemple au moins dans ses œuvres, je l'aime dans ses bienfaits;
40 mais, de quelque manière que je m'y prenne, au lieu de
l'amour pur qu'elle exige, je n'ai qu'une reconnaissance
intéressée à lui présenter. »

C'est ainsi que tout devient sentiment dans un cœur
sensible. Julie ne trouve dans l'univers entier que sujets
45 d'attendrissement et de gratitude : partout elle aperçoit
la bienfaisante main de la Providence; ses enfants sont
le cher dépôt qu'elle en a reçu; elle recueille ses dons
dans les productions de la terre; elle voit sa table couverte
par ses soins; elle s'endort sous sa protection; son pai-
50 sible réveil lui vient d'elle; elle sent ses leçons dans les
disgrâces, et ses faveurs dans les plaisirs; les biens dont
jouit tout ce qui lui est cher sont autant de nouveaux
sujets d'hommages; si le Dieu de l'univers échappe à
ses faibles yeux, elle voit partout le père commun des
55 hommes. Honorer ainsi ses bienfaits suprêmes, n'est-ce
pas servir autant qu'on peut l'Être infini?...

LETTRE VII DE SAINT-PREUX À MILORD ÉDOUARD

[*Claire est arrivée à Clarens, pour y séjourner définitivement
(Lettre VI). Elle va donc, elle aussi, travailler aux vendanges.*]

...Depuis un mois les chaleurs de l'automne apprêtaient
d'heureuses vendanges; les premières gelées en ont amené
l'ouverture *; le pampre grillé [1] laissant la grappe à découvert étale aux yeux les dons du père Lyée [2], et semble
5 inviter les mortels à s'en emparer. Toutes les vignes chargées de ce fruit bienfaisant que le ciel offre aux infortunés pour leur faire oublier leur misère; le bruit des ton-

---

* On vendange fort tard dans le pays de Vaud, parce que la principale récolte est en vins
blancs, et que la gelée leur est salutaire.

2. Dépassent.
1. Par la gelée.
2. Bacchus, dieu de la vigne et du vin, qui « délivre » des soucis (c'est le sens du mot
grec *Lyée*).

neaux, des cuves, des légrefass * qu'on relie [3] de toutes
parts ; le chant des vendangeuses dont ces coteaux reten-
10 tissent ; la marche continuelle de ceux qui portent la vendange au pressoir ; le rauque son des instruments rustiques
qui les anime au travail ; l'aimable et touchant tableau
d'une allégresse générale qui semble en ce moment étendu
sur la face de la terre ; enfin le voile de brouillard que le
15 soleil élève au matin comme une toile de théâtre pour
découvrir à l'œil un si charmant spectacle : tout conspire
à lui donner un air de fête ; et cette fête n'en devient que
plus belle à la réflexion, quand on songe qu'elle est la seule
où les hommes aient su joindre l'agréable à l'utile.

20   M. de Wolmar, dont ici le meilleur terrain consiste en
vignobles, a fait d'avance tous les préparatifs nécessaires.
Les cuves, le pressoir, le cellier, les futailles [4], n'atten-
daient que la douce liqueur pour laquelle ils sont destinés. Mme de Wolmar s'est chargée de la récolte ; le choix
25 des ouvriers, l'ordre et la distribution du travail la regar-
dent. Mme d'Orbe préside aux festins de vendange et au
salaire des ouvriers selon la police établie, dont les lois ne
s'enfreignent jamais ici. Mon inspection à moi est de
faire observer au pressoir les directions de Julie, dont la
30 tête ne supporte pas la vapeur des cuves ; et Claire n'a pas
manqué d'applaudir à cet emploi, comme étant tout à fait
du ressort d'un buveur [5].

    Les tâches ainsi partagées, le métier commun pour
remplir les vides est celui de vendangeur. Tout le monde
35 est sur pied de grand matin : on se rassemble pour aller
à la vigne. Mme d'Orbe, qui n'est jamais assez occupée
au gré de son activité, se charge, pour surcroît, de faire
avertir et tancer les paresseux, et je puis me vanter qu'elle
s'acquitte envers moi de ce soin avec une maligne vigi-
40 lance. Quant au vieux baron [6], tandis que nous travaillons
tous, il se promène avec un fusil, et vient de temps en
temps m'ôter aux vendangeuses pour aller avec lui tirer
des grives, à quoi l'on ne manque pas de dire que je l'ai

---

* Sorte de foudre ou de grand tonneau du pays.

3. Relier : « Mettre des cercles, des cerceaux à un tonneau » (Littré).
4. Les tonneaux.
5. *Cf.* p. 92, note 7. Claire le taquine.
6. Le père de Julie, avec lequel Saint-Preux s'est réconcilié.

secrètement engagé; si bien que j'en perds peu à peu le
45 nom de philosophe pour gagner celui de fainéant, qui dans
le fond n'en diffère pas de beaucoup. [...]

Vous ne sauriez concevoir avec quel zèle, avec quelle
gaieté tout cela se fait. On chante, on rit toute la journée,
et le travail n'en va que mieux. Tout vit dans la plus
50 grande familiarité; tout le monde est égal, et personne
ne s'oublie [7]. Les dames sont sans airs [8], les paysannes sont
décentes, les hommes badins et non grossiers. C'est à
qui trouvera les meilleures chansons, à qui fera les meilleurs contes, à qui dira les meilleurs traits. L'union même
55 engendre les folâtres querelles; et l'on ne s'agace mutuellement que pour montrer combien on est sûr les uns des
autres. On ne revient point ensuite faire chez soi les mes-
sieurs; on passe aux vignes toute la journée : Julie y a
fait une loge [9] où l'on va se chauffer quand on a froid, et
60 dans laquelle on se réfugie en cas de pluie. On dîne avec
les paysans et à leur heure, aussi bien qu'on travaille avec
eux. On mange avec appétit leur soupe un peu grossière,
mais bonne, saine, et chargée d'excellents légumes. On ne
ricane point orgueilleusement de leur air gauche et de
65 leurs compliments rustauds; pour les mettre à leur aise,
on s'y prête sans affectation. Ces complaisances ne leur
échappent pas, ils y sont sensibles; et voyant qu'on veut
bien sortir pour eux de sa place, ils s'en tiennent d'autant
plus volontiers dans la leur. A dîner [10], on amène les
70 enfants [11] et ils passent le reste de la journée à la vigne.
Avec quelle joie ces bons villageois les voient arriver! O
bienheureux enfants! disent-ils en les pressant dans leurs
bras robustes, que le bon Dieu prolonge vos jours aux dépens des nôtres! Ressemblez à vos père [12] et mères, et soyez
75 comme eux la bénédiction du pays! Souvent en songeant
que la plupart de ces hommes ont porté les armes, et savent
manier l'épée et le mousquet aussi bien que la serpette
et la houe, en voyant Julie au milieu d'eux, si charmante
et si respectée, recevoir, elle et ses enfants, leurs touchantes

---

7. S'oublier : « manquer à ce que l'on doit aux autres ou à soi-même » (Littré).
8. Manières hautaines.
9. Une cabane.
10. Au déjeuner.
11. De Julie et de Claire.
12. M. d'Orbe, le père d'Henriette, est mort, et les paysans n'ont pas dû le connaître;
d'où le singulier.

80 acclamations, je me rappelle l'illustre et vertueuse Agrippine montrant son fils aux troupes de Germanicus [13]. Julie! femme incomparable! vous exercez dans la simplicité de la vie privée le despotique empire de la sagesse et des bienfaits : vous êtes pour tout le pays un dépôt

---

13. Les légions de Germanicus, révoltées contre leur chef, s'attendrirent en voyant sa femme Agrippine quitter leur camp avec son fils, le futur empereur Caligula, dans ses bras (Tacite, *Annales*, I, 40-41).

● **La fête**

La fête des vendanges exprime admirablement par ses symboles « la synthèse heureuse qui couronne la dialectique du livre » : tel est le jugement de J. Starobinski qui consacre plusieurs pages de son ouvrage *La transparence et l'obstacle* à cette dernière lettre sur le bonheur de Clarens, sorte de conclusion provisoire du roman avant le rebondissement provoqué par la mort de Julie. Au cours de ces journées sont réconciliées « l'exigence érotique et l'exigence d'ordre » (social) : car « dans une société régénérée règne une sympathie bienveillante, qui est la forme transfigurée de l'amour » (op. cit., p. 109).

Les vendanges ne sont qu'un prétexte à l'évocation d'une communauté idyllique. Par le rappel discret du culte de Bacchus, dieu de l'ivresse, surgit au début une image de l'innocence des premiers temps, d'un retour à l'âge d'or. La joie d'être ensemble anime tous les participants, qui apportent spontanément leur concours à l'œuvre commune. Malgré une soigneuse répartition des tâches, chacun est à la fois acteur et spectateur, et s'exprime de façon identique à tous les autres (cf. l'emploi fréquent de *on*). C'est la fête de l'ouverture des cœurs, et ils battent à l'unisson. Tout s'organise cependant autour d'une figure centrale, un « être radieux qui communique le mouvement et vers lequel tout converge » (J. Starobinski, p. 127). C'est Julie qui propage, et aussi contrôle la joie autour d'elle, du début à la fin. Tel est son rayonnement que la réjouissance collective prend des dimensions universelles ; et l'on a un « tableau d'une allégresse générale qui semble en ce moment étendu sur la face de la terre ». Dans l'imagination de Rousseau et dans les élans de son « âme expansive », le bonheur éprouvé par les membres de cette petite communauté repliée sur elle-même devient exaltation et épanouissement d'un monde infiniment ouvert.

Comme le remarque B. Guyon, l'intérêt de ces pages ne réside donc pas dans le pittoresque du tableau, ou dans l'originalité des thèmes (abondamment traités dans la littérature antérieure, d'Homère à Fénelon), ou dans l'expression, qui reste assez conventionnelle. Il est dans « l'authenticité des sensations et des sentiments où réapparaissent quelques-uns des traits les plus singuliers de la personnalité de Rousseau ». (On pourra comparer avec les scènes correspondantes décrites par Balzac dans *Le lys dans la vallée*.)

⁸⁵ cher et sacré que chacun voudrait défendre et conserver
au prix de son sang; et vous vivez plus sûrement, plus
honorablement au milieu d'un peuple entier qui vous
aime, que les rois entourés de tous leurs soldats.

Le soir, on revient gaiement tous ensemble. On nourrit
⁹⁰ et loge les ouvriers tout le temps de la vendange; et même
le dimanche, après le prêche du soir, on se rassemble
avec eux et l'on danse jusqu'au souper. Les autres jours
on ne se sépare point non plus en rentrant au logis, hors
le baron qui ne soupe jamais et se couche de fort bonne
⁹⁵ heure, et Julie qui monte avec ses enfants chez lui jusqu'à
ce qu'il s'aille coucher. A cela près, depuis le moment
qu'on prend le métier de vendangeur jusqu'à celui qu'on
le quitte, on ne mêle plus la vie citadine à la vie rustique.
Ces saturnales ¹⁴ sont bien plus agréables et plus sages que
¹⁰⁰ celles des Romains. Le renversement qu'ils affectaient
était trop vain pour instruire le maître ni l'esclave; mais
la douce égalité qui règne ici rétablit l'ordre de la nature,

---

14. Pendant ces jours de fête, les rôles étaient renversés à Rome : les esclaves comman-
daient à leurs maîtres.

● **La « douce égalité »**

Clarens, d'ordinaire, ne connaît pas l'égalité naturelle des premiers temps, ni l'égalité civile décrite dans le *Contrat social*. Les
maîtres peuvent s'attacher leurs domestiques par leur bienveil-
lance, et susciter en eux des sentiments de confiance, de gratitude,
voire d'affection; ils peuvent même, s'ils le veulent, se sentir leurs
égaux : mais c'est un privilège de maîtres, et la hiérarchie
demeure.
On serait tenté de croire que la griserie de la fête supprime les
distances. « Tout le monde est égal, et personne ne s'oublie...
La douce égalité qui règne ici rétablit l'ordre de la nature. » C'est
le triomphe d'une « fraternité » totale, mais triomphe sans lendemain. La note de Rousseau (p. 103) est claire : l'état de fête
n'abolit pas les différences sociales, il permet seulement de les
considérer comme « indifférentes ». « L'égalité subjective » ne
peut effacer « l'inégalité objective » (R. Mauzi, *L'idée du bonheur
au XVIIIᵉ siècle*, p. 153). A quoi bon chercher à transformer la
société? Il suffit « qu'il soit possible *quelquefois* de faire en sorte
que tous *se sentent* égaux » (J. Starobinski). Illusion d'égalité
facilitée par la simplicité des maîtres eux-mêmes : « Le luxe et
l'appareil des festins n'y sont pas. »

forme une instruction pour les uns, une consolation pour les autres, et un lien d'amitié pour tous * [...]

105 Après le souper on veille encore une heure ou deux en teillant [15] du chanvre; chacun dit sa chanson tour à tour. Quelquefois les vendangeuses chantent en chœur toutes ensemble, ou bien alternativement à voix seule et en refrain. La plupart de ces chansons sont de vieilles
110 romances dont les airs ne sont pas piquants; mais ils ont je ne sais quoi d'antique et de doux qui touche à la longue. Les paroles sont simples, naïves, souvent tristes; elles plaisent pourtant. Nous ne pouvons nous empêcher, Claire de sourire, Julie de rougir, moi de soupirer, quand nous
115 retrouvons dans ces chansons des tours et des expressions dont nous nous sommes servis autrefois. Alors, en jetant les yeux sur elles et me rappelant les temps éloignés, un tressaillement me prend, un poids insupportable me tombe tout à coup sur le cœur, et me laisse une impression funeste
120 qui ne s'efface qu'avec peine. Cependant je trouve à ces veillées une sorte de charme que je ne puis vous expliquer, et qui m'est pourtant fort sensible. Cette réunion des différents états [16], la simplicité de cette occupation, l'idée de délassement, d'accord, de tranquillité, le sentiment de paix
125 qu'elle porte à l'âme, a quelque chose d'attendrissant qui dispose à trouver ces chansons plus intéressantes. Ce concert des voix de femmes n'est pas non plus sans douceur. Pour moi, je suis convaincu que de toutes les harmonies [17] il n'y en a point d'aussi agréable que le chant
130 à l'unisson [18], et que, s'il nous faut des accords [19], c'est parce que nous avons le goût dépravé. En effet, toute l'harmonie ne se trouve-t-elle pas dans un son quelconque?

---

* Si de là naît un commun état de fête, non moins doux à ceux qui descendent qu'à ceux qui montent, ne s'ensuit-il pas que tous les états sont presque indifférents par eux-mêmes, pourvu qu'on puisse et qu'on veuille en sortir quelquefois? Les gueux sont malheureux parce qu'ils sont toujours gueux; les rois sont malheureux parce qu'ils sont toujours rois. Les états moyens, dont on sort plus aisément, offrent des plaisirs au-dessus et au-dessous de soi; ils étendent aussi les lumières de ceux qui les remplissent, en leur donnant plus de préjugés à connaître, et plus de degrés à comparer. Voilà, ce me semble, la principale raison pourquoi c'est généralement dans les conditions médiocres qu'on trouve les hommes les plus heureux et du meilleur sens.

15. « Détacher avec la main le filament du chanvre » (Littré).
16. Conditions sociales.
17. *Cf.* p. 25, note 2.
18. Son unique produit par plusieurs voix.
19. Association harmonieuse de plusieurs sons. Rousseau reprend ici ce qu'il a écrit dans l'article « Unisson » de son *Dictionnaire de Musique*.

Et qu'y pouvons-nous ajouter, sans altérer les proportions que la nature a établies dans la force relative des
135 sons harmonieux? En doublant les uns et non pas les
autres, en ne les renforçant pas en même rapport, n'ôtons-
nous pas à l'instant ces proportions? La nature a tout
fait le mieux qu'il était possible; mais nous voulons faire
mieux encore, et nous gâtons tout...

● **La veillée**

Cette fête décrite par un musicien devait être musicale. Et au
« bruit des tonneaux », au « chant des vendangeuses », au « rauque son des instruments rustiques » entendus au long des journées viennent s'ajouter les vieilles romances chantées à la veillée
par les chœurs de femmes.
Une romance est définie ainsi par Rousseau dans son *Dictionnaire
de Musique* : « mélodie douce, naturelle, champêtre, et qui produit
son effet par elle-même, indépendamment de la manière de la
chanter ». Ici encore (cf. 1re partie, lettre XLVIII), la musique
s'adresse directement aux sens et au cœur, d'autant plus qu'elle
est naturelle, naïve et populaire.
Mais elle fait aussi survenir la dimension du passé, en rappelant
à Julie et Saint-Preux l'époque où leurs passions obéissaient à
la loi de la nature. Ce surgissement du passé par l'intermédiaire
de la musique introduit comme une fêlure au milieu de la fête. Il
éveille un regret élégiaque, par lequel « l'être découvre qu'une
part essentielle de lui-même appartient à un monde disparu »
(J. Starobinski).

LETTRE IX DE SAINT-PREUX À MADAME D'ORBE

[*Saint-Preux accompagne Milord Édouard en Italie : dans
une chambre d'auberge où il s'était déjà arrêté lors de son
voyage dans le Valais (cf. Lettre XXIII de la Première Partie),
il connaît une nouvelle « crise » et un rêve cruel s'obstine à le
poursuivre.*]

...Je crus voir la digne mère de votre amie dans son lit
expirante, et sa fille à genoux devant elle, fondant en
larmes, baisant ses mains et recueillant ses derniers soupirs. Je revis cette scène que vous m'avez autrefois dépein-
5 te et qui ne sortira jamais de mon souvenir. « O ma mère,
disait Julie d'un ton à me navrer l'âme, celle qui vous
doit le jour vous l'ôte! Ah! reprenez votre bienfait! sans
vous il n'est pour moi qu'un don funeste. — Mon enfant,

répondit sa tendre mère... il faut remplir son sort... Dieu
10 est juste... tu seras mère à ton tour... » Elle ne put achever.
Je voulus lever les yeux sur elle, je ne la vis plus. Je vis
Julie à sa place ; je la vis, je la reconnus, quoique son visage
fût couvert d'un voile. Je fais un cri, je m'élance pour
écarter le voile, je ne pus l'atteindre ; j'étendais les bras,
15 je me tourmentais et ne touchais rien. « Ami, calme-toi,
me dit-elle d'une voix faible : le voile redoutable me couvre, nulle main ne peut l'écarter. » A ce mot je m'agite et
fais un nouvel effort : cet effort me réveille ; je me trouve
dans mon lit, accablé de fatigue et trempé de sueur et de
20 larmes.

Bientôt ma frayeur se dissipe, l'épuisement me rendort ;
le même songe me rend les mêmes agitations ; je m'éveille,
et me rendors une troisième fois. Toujours ce spectacle
lugubre, toujours ce même appareil de mort ; toujours ce
25 voile impénétrable échappe à mes mains, et dérobe à mes
yeux l'objet expirant qu'il couvre...

● **Le voile**

Comme l'a montré J. Starobinski, l'importance de ce thème s'affirme à l'approche de la fin du roman, c'est-à-dire de la mort
de Julie. Le contenu psychanalytique de ce rêve semble à la
fois riche et suffisamment imprécis pour être angoissant. L'amour
des deux amants, c'était la transparence assurée entre eux. Le
voile suggère un obstacle et un trouble : menace de mort ? perte
de Julie devenue Mme de Wolmar ? ou, ce qui est plus grave, et
comme le laisse prévoir la lettre précédente, dégradation d'un
amour de jeunesse ?
Milord Édouard conduit Saint-Preux à Clarens, pour qu'avant
de repartir il revoie Julie et déchire « ce fatal voile tissu
dans son cerveau ». Saint-Preux longeant l'Élysée entend Julie
converser avec Claire, et sa voix le rassure ; mais il ne tente pas
de franchir la haie qui, telle le voile, les sépare. Une menace
continue à planer sur l'avenir des deux amants.

SIXIÈME PARTIE

[Saint-Preux étant en voyage, Julie lui a écrit, — ce qu'elle n'avait pas fait depuis sept ans. C'est pour lui conseiller de ne pas hésiter à demander à Dieu de l'éclairer, car Dieu, Être immuable, peut seul connaître les besoins réels de l'homme soumis aux changements. Saint-Preux lui a répondu que selon lui, Dieu, en créant l'homme, lui a donné tout ce qu'il faut pour accomplir Sa volonté; et il craint que Julie, qui consacre trop de temps à la piété, ne soit bientôt plus qu'une « dévote » (Lettres I à VII). Julie veut se justifier.]

...J'aimai la vertu dès mon enfance, et cultivai ma raison dans tous les temps. Avec du sentiment et des lumières, j'ai voulu me gouverner, et je me suis mal conduite [1]. Avant de m'ôter le guide que j'ai choisi, donnez-m'en
5 quelque autre sur lequel je puisse compter. Mon bon ami, toujours de l'orgueil, quoi qu'on fasse! c'est lui qui vous élève, et c'est lui qui m'humilie [2]. Je crois valoir autant qu'une autre, et mille autres ont vécu plus sagement que moi. Elles avaient donc des ressources que je n'avais
10 pas. Pourquoi, me sentant bien née, ai-je eu besoin de cacher ma vie? Pourquoi haïssais-je le mal que j'ai fait malgré moi? Je ne connaissais que ma force; elle n'a pu me suffire. Toute la résistance qu'on peut tirer de soi, je crois l'avoir faite, et toutefois j'ai succombé. Com-
15 ment font celles qui résistent? Elles ont un meilleur appui.

Après l'avoir pris à leur exemple, j'ai trouvé dans ce choix un autre avantage auquel je n'avais pas pensé. Dans le règne des passions, elles aident à supporter les tourments qu'elles donnent : elles tiennent l'espérance
20 à côté du désir. Tant qu'on désire on peut se passer d'être heureux; on s'attend à le devenir : si le bonheur ne vient point, l'espoir se prolonge, et le charme de l'illusion dure

---

1. Je me suis mal dirigée.
2. L'orgueil de celui qui prétend se passer de Dieu pour la conduite de sa vie : le « philosophe » déiste qu'est Saint-Preux en tire de la fierté; la pieuse Julie en reconnaît maintenant la vanité.

autant que la passion qui le cause. Ainsi cet état se suffit
à lui-même, et l'inquiétude qu'il donne est une sorte de
25 jouissance qui supplée à la réalité, qui vaut mieux peut-
être. Malheur à qui n'a plus rien à désirer! il perd pour
ainsi dire tout ce qu'il possède. On jouit moins de ce qu'on
obtient que de ce qu'on espère et l'on n'est heureux
qu'avant d'être heureux. En effet, l'homme, avide et bor-
30 né [3], fait pour tout vouloir et peu obtenir, a reçu du ciel
une force consolante qui rapproche de lui tout ce qu'il désire, qui le soumet à son imagination, qui le lui rend présent et sensible, qui le lui livre en quelque sorte, et, pour
lui rendre cette imaginaire propriété plus douce, la modifie
35 au gré de sa passion. Mais tout ce prestige disparaît devant
l'objet même; rien n'embellit plus cet objet aux yeux du
possesseur; on ne se figure point ce qu'on voit; l'imagination ne pare plus rien de ce qu'on possède, l'illusion cesse
où commence la jouissance. Le pays des chimères [4] est
40 en ce monde le seul digne d'être habité, et tel est le néant
des choses humaines, qu'hors * l'Être existant par lui-
même il n'y a rien de beau que ce qui n'est pas.

   Si cet effet n'a pas toujours lieu sur les objets particuliers de nos passions, il est infaillible dans le sentiment
45 commun qui les comprend toutes. Vivre sans peine n'est
pas un état d'homme; vivre ainsi c'est être mort. Celui
qui pourrait tout sans être Dieu serait une misérable
créature; il serait privé du plaisir de désirer; toute autre
privation serait plus supportable **.
50   Voilà ce que j'éprouve en partie depuis mon mariage
et depuis votre retour. Je ne vois partout que sujets de
contentement, et je ne suis pas contente; une langueur

---

   * Il fallait *que hors*, et sûrement Mme de Wolmar ne l'ignorait pas. Mais, outre les fautes
qui lui échappaient par ignorance ou par inadvertance, il paraît qu'elle avait l'oreille trop
délicate pour s'asservir toujours aux règles mêmes qu'elle savait. On peut employer un style
plus pur, mais non pas plus doux ni plus harmonieux que le sien [5].
   ** D'où il suit que tout prince qui aspire au despotisme aspire à l'honneur de mourir
d'ennui. Dans tous les royaumes du monde, cherchez-vous l'homme le plus ennuyé du pays?
Allez toujours directement au souverain, surtout s'il est très absolu. C'est bien la peine de
faire tant de misérables! ne saurait-il s'ennuyer à moindres frais [6]?

   3. Enfermé dans ses limites.
   4. « Vaines imaginations » (Littré). Rousseau n'a pas écrit d'un premier jet cette formule
devenue célèbre : il l'a ajoutée en marge du manuscrit après de nombreux tâtonnements.
   5. Note certainement suscitée par la critique de quelque lecteur du manuscrit: Rousseau
se justifie au nom de l'effet musical : doit-on s'en étonner?
   6. Rousseau semble se souvenir de Pascal : « Les princes et rois jouent quelquefois.
Ils ne sont pas toujours sur leurs trônes. Ils s'y ennuient. La grandeur a besoin d'être quittée
pour être sentie. La continuité dégoûte en tout » (*Pensées*, éd. Lafuma, 771).

secrète s'insinue au fond de mon cœur; je le sens vide
et gonflé, comme vous disiez autrefois du vôtre; l'atta-
55 chement que j'ai pour tout ce qui m'est cher ne suffit pas
pour l'occuper; il lui reste une force inutile dont il ne
sait que faire. Cette peine est bizarre, j'en conviens; mais
elle n'est pas moins réelle. Mon ami, je suis trop heureuse :
le bonheur m'ennuie ***. [...]

60   J'ai blâmé les extases des mystiques. Je les blâme encore
quand elles nous détachent de nos devoirs, et que, nous
dégoûtant de la vie active par les charmes de la contem-

*** Quoi, Julie! aussi des contradictions! Ah! je crains bien, charmante dévote, que
vous ne soyez pas non plus trop d'accord avec vous-même. Au reste, j'avoue que cette lettre
me paraît le chant du cygne.

● **La dernière lettre de Julie vivante à Saint-Preux, « le chant du cygne »**

① C'est bien la recherche du bonheur qui fonde le roman de
Rousseau. Non le roman d'un échec, puisque Julie, après le renoncement, s'affirme heureuse à Clarens : elle se sent capable d'être
fidèle à la fois à l'amour, qui passe sur un autre plan, et à la pureté,
et ne conçoit pas la vie sans la présence de Saint-Preux. Solution
héroïque, dont la lettre testamentaire (VIe partie, Lettre XII)
reconnaîtra d'ailleurs les dangers.
Toujours est-il que c'est au sein de ce bonheur à Clarens que
Julie en découvre le caractère illusoire : « Mon ami, je suis trop
heureuse; le bonheur m'ennuie. » L'homme, « avide et borné »,
n'est heureux que dans l'élan du désir. Rien ne saurait combler
ses vœux. « Le pays des chimères est le seul digne d'être habité »;
seul Dieu, « l'Être existant par lui-même », peut donner un sens
au néant des choses humaines.
Ainsi sont justifiées à la fois la fidélité de Julie à ce qui fut un rêve,
et sa piété, qu'elle concilie avec tous ses devoirs, et où elle trouve
force, refuge, et espérance.

② Ce texte est capital. Cette méditation sur le *taedium vitae*,
d'une part fait écho à Saint Augustin et à Pascal; d'autre part,
dans son appel à l'évasion et à l'imaginaire, elle est la source de
l'inspiration de nombreux romanciers et poètes du XIXe siècle
qui, de Chateaubriand et de Lamartine à Baudelaire et à Proust,
analysent tous le *spleen*, « la dialectique du désir et de l'ennui,
le rôle de l'imagination dans la naissance de l'amour, la désillu-
sion de la possession » (B. Guyon).

plation, elles nous mènent à ce quiétisme [7] dont vous me croyez si proche, et dont je crois être aussi loin que vous.

65   Servir Dieu, ce n'est point passer sa vie à genoux dans un oratoire, je le sais bien; c'est remplir sur la terre les devoirs qu'il nous impose; c'est faire en vue de lui plaire tout ce qui convient à l'état où il nous a mis :

> . . . . *Il cor gradisce;*
> 70   *E serve a lui chi'l suo dover compisce* [8].

Il faut premièrement faire ce qu'on doit, et puis prier quand on le peut; voilà la règle que je tâche de suivre. Je ne prends point le recueillement que vous me reprochez comme une occupation, mais comme une récréa-
75 tion; et je ne vois pas pourquoi, parmi les plaisirs qui sont à ma portée, je m'interdirais le plus sensible et le plus innocent de tous.

    Je me suis examinée avec plus de soin depuis votre lettre; j'ai étudié les effets que produit sur mon âme ce
80 penchant qui semble si fort vous déplaire, et je n'y sais rien voir jusqu'ici qui me fasse craindre, au moins sitôt, l'abus d'une dévotion mal entendue.

    Premièrement, je n'ai point pour cet exercice un goût trop vif qui me fasse souffrir quand j'en suis privée, ni
85 qui me donne de l'humeur quand on m'en distrait. Il ne me donne point non plus de distractions dans la journée, et ne jette ni dégoût ni impatience sur la pratique de mes devoirs. Si quelquefois mon cabinet m'est nécessaire, c'est quand quelque émotion m'agite, et que je serais
90 moins bien partout ailleurs : c'est là que, rentrant en moi-même, j'y retrouve le calme de la raison. Si quelque souci me trouble, si quelque peine m'afflige, c'est là que je les vais déposer. Toutes mes misères s'évanouissent devant un plus grand objet. En songeant à tous les bienfaits de la
95 Providence, j'ai honte d'être sensible à de si faibles chagrins et d'oublier de si grandes grâces. Il ne me faut des séances ni fréquentes ni longues. Quand la tristesse m'y

---

7. Doctrine mystique, qui faisait consister la perfection chrétienne dans une union étroite avec Dieu, aboutissant à « l'état d'oraison ». Mme Guyon et Fénelon l'avaient fait connaître en France à la fin du XVIIe siècle.

8. Citation de Métastase (*La mort d'Abel*, première partie). Rousseau l'a traduite ainsi : « Le cœur lui suffit, et qui fait son devoir le prie. »

suit malgré moi, quelques pleurs versés devant celui qui
console soulagent mon cœur à l'instant. Mes réflexions ne
100 sont jamais amères ni douloureuses; mon repentir même
est exempt d'alarmes. Mes fautes me donnent moins
d'effroi que de honte; j'ai des regrets et non des remords.
Le Dieu que je sers est un Dieu clément, un père : ce qui
me touche est sa bonté; elle efface à mes yeux tous ses au-
105 tres attributs; elle est le seul que je conçois. Sa puissance
m'étonne [9], son immensité me confond [10], sa justice... Il
a fait l'homme faible; puisqu'il est juste, il est clément. Le
Dieu vengeur est le Dieu des méchants : je ne puis ni le
craindre pour moi ni l'implorer contre un autre. O Dieu
110 de paix, Dieu de bonté, c'est toi que j'adore! c'est de toi,
je le sens, que je suis l'ouvrage; et j'espère te retrouver
au dernier jugement tel que tu parles à mon cœur durant
ma vie...

[*Un billet de Fanchon annonce brutalement à Saint-Preux
que Julie, s'étant précipitée à l'eau pour sauver un de ses
enfants qui se noyait, est gravement malade (Lettre IX).*]

LETTRE X
Commencée par Mme d'Orbe, et achevée par M. de Wolmar.

C'en est fait, homme imprudent, homme infortuné,
malheureux visionnaire! Jamais vous ne la reverrez...
le voile... Julie n'est...

Elle vous a écrit. Attendez sa lettre : honorez ses der-
5 nières volontés. Il vous reste de grands devoirs à remplir
sur la terre.

LETTRE XI DE M. DE WOLMAR À SAINT-PREUX

[*M. de Wolmar décrit fidèlement les derniers jours de Julie.
Le médecin ayant annoncé qu'elle n'avait plus que trois jours
à vivre, c'est elle qui console son entourage; et elle reste
pleine d'enjouement, faisant craindre à M. de Wolmar que son
athéisme n'ait déteint sur elle : songe-t-elle qu'elle va paraître
devant Dieu? Julie répond par une « profession de foi » qu'elle
adresse au pasteur, venu se joindre à la famille.*]

---

9. Sens très fort.
10. Reste pour moi incompréhensible.

... « J'ai vécu et je meurs dans la communion [1] protestante, qui tire son unique règle de l'Écriture sainte et de la raison; mon cœur a toujours confirmé ce que prononçait ma bouche; et quand je n'ai pas eu pour vos lumières
5 toute la docilité qu'il eût fallu peut-être, c'était un effet de mon aversion pour toute espèce de déguisement : ce qu'il m'était impossible de croire, je n'ai pu dire que je le croyais; j'ai toujours cherché sincèrement ce qui était conforme à la gloire de Dieu et à la vérité. J'ai pu me
10 tromper dans ma recherche; je n'ai pas l'orgueil de penser avoir eu toujours raison : j'ai peut-être eu toujours tort; mais mon intention a toujours été pure, et j'ai toujours cru ce que je disais croire. C'était sur ce point tout ce qui dépendait de moi. Si Dieu n'a pas éclairé ma raison au-
15 delà, il est clément et juste; pourrait-il me demander compte d'un don qu'il ne m'a pas fait?

« Voilà, monsieur, ce que j'avais d'essentiel à vous dire sur les sentiments que j'ai professés. Sur tout le reste mon état présent vous répond pour moi. Distraite
20 par le mal, livrée au délire de la fièvre, est-il temps d'essayer de raisonner mieux que je n'ai fait, jouissant [2] d'un entendement aussi sain que je l'ai reçu? Si je me suis trompée alors, me tromperais-je moins aujourd'hui, et dans l'abattement où je suis, dépend-il de moi de croire
25 autre chose que ce que j'ai cru étant en santé? C'est la raison qui décide du sentiment qu'on préfère; et la mienne ayant perdu ses meilleures fonctions, quelle autorité peut donner ce qui m'en reste aux opinions que j'adopterais sans elle? Que me reste-t-il donc désormais à faire?
30 C'est de m'en rapporter à ce que j'ai cru ci-devant [3] : car la droiture d'intention est la même, et j'ai le jugement de moins. Si je suis dans l'erreur, c'est sans l'aimer; cela suffit pour me tranquilliser sur ma croyance.

« Quant à la préparation à la mort, Monsieur, elle est
35 faite; mal, il est vrai, mais de mon mieux, et mieux du moins que je ne la pourrais faire à présent. J'ai tâché de ne pas attendre, pour remplir cet important devoir,

1. Union de ceux qui professent une même foi.
2. Lorsque je jouissais.
3. Précédemment.

que j'en fusse incapable. Je priais en santé [4], maintenant
je me résigne. La prière du malade est la patience. La
40 préparation à la mort est une bonne vie; je n'en connais
point d'autre. Quand je conversais avec vous, quand
je me recueillais seule, quand je m'efforçais de remplir
les devoirs que Dieu m'impose, c'est alors que je me
disposais à paraître devant lui, c'est alors que je l'ado-
45 rais de toutes les forces qu'il m'a données : que ferais-je
aujourd'hui que je les ai perdues? Mon âme aliénée est-
elle en état de s'élever à lui? Ces restes d'une vie à demi
éteinte, absorbés par la souffrance, sont-ils dignes de lui
être offerts? Non, monsieur, il me les laisse pour être
50 donnés à ceux qu'il m'a fait aimer et qu'il veut que je
quitte; je leur fais mes adieux pour aller à lui; c'est d'eux
qu'il faut que je m'occupe : bientôt je m'occuperai de lui
seul. Mes derniers plaisirs sur la terre sont aussi mes derniers devoirs : n'est-ce pas le servir encore et faire sa volon-
55 té, que de remplir les soins que l'humanité m'impose
avant d'abandonner sa dépouille [5]? Que faire pour apaiser
des troubles que je n'ai pas? Ma conscience n'est point
agitée; si quelquefois elle m'a donné des craintes, j'en
avais plus en santé qu'aujourd'hui. Ma confiance les
60 efface; elle me dit que Dieu est plus clément que je ne suis
coupable, et ma sécurité redouble en me sentant approcher
de lui. Je ne lui porte point un repentir imparfait, tardif et
forcé, qui, dicté par la peur, ne saurait être sincère, et n'est
qu'un piège pour le tromper. Je ne lui porte pas le reste et
65 le rebut de mes jours, pleins de peine et d'ennuis, en
proie à la maladie, aux douleurs, aux angoisses de la mort,
et que je ne lui donnerais que quand je n'en pourrais plus
rien faire. Je lui porte ma vie entière, pleine de péchés et
de fautes, mais exempte des remords de l'impie et des cri-
70 mes du méchant.

« A quels tourments Dieu pourrait-il condamner mon
âme? Les réprouvés [6], dit-on, le haïssent; il faudrait donc
qu'il m'empêchât de l'aimer? Je ne crains pas d'augmenter leur nombre. O grand Être! Être éternel, suprême
75 intelligence, source de vie et de félicité, créateur, conser-

---

4. Quant j'étais bien portante.
5. Avant que j'abandonne le corps que mon « humanité » (ma nature humaine) m'a fait
revêtir.
6. Réprouvé : « Celui qui est destiné aux peines éternelles » (Littré).

vateur, père de l'homme et roi de la nature, Dieu très
puissant, très bon, dont je ne doutai jamais un moment,
et sous les yeux duquel j'aimai toujours à vivre! je le sais,
je m'en réjouis, je vais paraître devant ton trône. Dans peu
80 de jours mon âme, libre de sa dépouille, commencera de
t'offrir plus dignement cet immortel hommage qui doit
faire mon bonheur durant l'éternité. Je compte pour rien
tout ce que je serai jusqu'à ce moment. Mon corps vit
encore, mais ma vie morale est finie. Je suis au bout de ma
85 carrière, et déjà jugée sur le passé. Souffrir et mourir est [7]
tout ce qui me reste à faire; c'est l'affaire de la nature :
mais moi, j'ai tâché de vivre de manière à n'avoir pas besoin de songer à la mort; et maintenant qu'elle approche,
je la vois venir sans effroi. Qui s'endort dans le sein d'un
90 père n'est pas en souci du réveil. » [...]

[M. de Wolmar s'imagine pourtant que Julie se réjouit de le
quitter. Elle lui répond qu'elle meurt contente, certes, mais
contente de rester digne d'être son épouse, dans la mort comme

---

7. Dans la pensée de Julie, les deux infinitifs sujets sont réunis en un seul concept;
d'où l'accord au singulier.

● La foi de Julie

La profession de foi de Julie mourante est l'aboutissement de
son itinéraire spirituel, et donc de la recherche personnelle de
Rousseau.
Refusant la remise en question d'une « âme aliénée » par la maladie, Julie définit sa foi telle qu'elle l'a acquise au cours de son existence, et conclut : « Je porte à Dieu ma vie entière, pleine de
péchés et de fautes, mais exempte des remords de l'impie et des
crimes du méchant ». Foi qui n'est pas sans faire songer à celle de
Péguy en un Dieu d'amour et d'espérance (cf. *Mystère des Saints*
Innocents; Porche du mystère de la deuxième vertu).
Mais foi où la raison vient équilibrer le sentiment dans une conscience intransigeante. Les censeurs s'indigneront des limites que
cette raison prétend apporter à la religion traditionnellement en-
seignée, et l'édition autorisée à Paris en 1761 supprimera un long
passage essentiel, de « mon cœur a toujours confirmé ce que
prononçait ma bouche... » jusqu'à «...cela suffit pour me
tranquilliser sur ma croyance ». Mais Rousseau reste fidèle à sa
devise : *vitam impendere vero*[1], et à son exigence de sincérité et
d'authenticité.

---

1. Cf. p. 36.

*elle l'avait été dans sa vie. Elle lui remet une lettre destinée à
Saint-Preux, ouverte, pour que M. de Wolmar la lise puis l'envoie
quand Julie ne sera plus.*

*Le lendemain, elle récapitule sa vie entière, son amitié avec
Claire, son amour pour Saint-Preux, son mariage avec M. de
Wolmar : ascension vers un bonheur qu'elle a désormais atteint.]*

« Voyez donc, continuait-elle, à quelle félicité je suis
parvenue. J'en avais beaucoup, j'en attendais davantage. La prospérité de ma famille, une bonne éducation
pour mes enfants, tout ce qui m'était cher rassemblé
95 autour de moi ou prêt à l'être. Le présent, l'avenir, me
flattaient également [8], la jouissance et l'espoir se réunis-
saient pour me rendre heureuse. Mon bonheur monté par
degrés était au comble; il ne pouvait plus que déchoir;
il était venu sans être attendu, il se fût enfui quand je
100 l'aurais cru durable. Qu'eût fait le sort pour me soutenir
à ce point [9]? Un état permanent est-il fait pour l'homme?
Non, quand on a tout acquis, il faut perdre, ne fût-ce
que le plaisir de la possession qui s'use par elle. Mon père
est déjà vieux; mes enfants sont dans l'âge tendre où la
105 vie est encore mal assurée : que de pertes pouvaient
m'affliger, sans qu'il me restât plus rien à pouvoir acqué-
rir! L'affection maternelle augmente sans cesse, la tendresse filiale diminue, à mesure que les enfants vivent plus loin
de leur mère. En avançant en âge, les miens se seraient
110 plus séparés de moi. Ils auraient vécu dans le monde; ils
m'auraient pu négliger. Vous en voulez envoyer un en
Russie; que de pleurs son départ m'aurait coûtés! Tout
se serait détaché de moi peu à peu, et rien n'eût suppléé
aux pertes que j'aurais faites. Combien de fois j'aurais pu
115 me trouver dans l'état où je vous laisse. Enfin n'eût-il
pas fallu mourir? Peut-être mourir la dernière de tous!
Peut-être seule et abandonnée. Plus on vit, plus on aime
à vivre, même sans jouir de rien; j'aurais eu l'ennui de la
vie et la terreur de la mort, suite ordinaire de la vieillesse.
120 Au lieu de cela, mes derniers instants sont encore agréables, et j'ai de la vigueur pour mourir; si même on peut
appeler mourir que laisser vivant ce qu'on aime. Non, mes

---

8. M'étaient agréables l'un et l'autre.
9. Pour me maintenir à ce haut degré de bonheur.

amis, non, mes enfants, je ne vous quitte pas, pour ainsi
dire, je reste avec vous; en vous laissant tous unis, mon
125 esprit, mon cœur, vous demeurent. Vous me verrez sans
cesse entre vous; vous vous sentirez sans cesse environnés
de moi... Et puis nous nous rejoindrons, j'en suis sûre;
le bon Wolmar lui-même ne m'échappera pas [10]. Mon retour à Dieu tranquillise mon âme et m'adoucit un mo-
130 ment pénible; il me promet pour vous le même destin qu'à
moi. Mon sort me suit et s'assure. Je fus heureuse, je
le suis, je vais l'être : mon bonheur est fixé, je l'arrache
à la fortune; il n'a plus de bornes que l'éternité. » [...]

[*Julie expire le lendemain matin. En l'absence de M. de Wolmar, qui est allé annoncer la funèbre nouvelle au père de Julie,
ses gens croient voir remuer le corps et crient au miracle d'une
résurrection. Fausse joie : Julie est bien morte, mais M. de
Wolmar ne peut le faire admettre à toutes ces âmes simples
et crédules.*]

Je reconnus bientôt qu'il était impossible de faire
135 entendre raison à la multitude; que, si je faisais fermer la
porte et porter le corps à la sépulture, il pourrait arriver
du tumulte; que je passerais au moins pour un mari parri-

---

10. Bien qu'il soit athée, et parce qu'il est « bon ». Dans la dernière lettre du roman,
Claire croit voir chez lui les premiers signes d'une conversion.

● **Vers l'éternité**

L'unité du roman s'affirme : c'est bien ici le terme de la recherche
du bonheur et la victoire sur le temps.
Bonheur dans l'amour partagé qui illumine les derniers moments
de Julie, et lui fait refuser l'appareil lugubre dont on entoure la
mort.
Victoire sur le temps par le rôle essentiel attribué à la mémoire
qui unifie tous les instants d'une vie et rassemble les êtres aimés :
« Je fus heureuse, je le suis, je vais l'être; mon bonheur est fixé,
je l'arrache à la fortune; il n'a plus de bornes que l'éternité ».
Rousseau a fait, de cette catastrophe tragique et douloureuse, un
chant suprême de bonheur. D'où le climat de sérénité qui baigne
ce long récit de M. de Wolmar.

Douzième estampe d'après Gravelot.
cf. p. 117, et dossier iconographique, p. 126-127.

cide qui faisait enterrer sa femme en vie, et que je serais
en horreur dans tout le pays. Je résolus d'attendre. Cepen-
140 dant, après plus de trente-six heures, par l'extrême chaleur
qu'il faisait, les chairs commençaient à se corrompre;
et quoique le visage eût gardé ses traits et sa douceur, on
y voyait déjà quelques signes d'altération. Je le dis à
Mme d'Orbe, qui restait demi-morte au chevet du lit. Elle
145 n'avait pas le bonheur d'être la dupe d'une illusion si
grossière mais elle feignait de s'y prêter pour avoir un
prétexte d'être incessamment dans la chambre, d'y
navrer [11] son cœur à plaisir, de l'y repaître de ce mortel
spectacle, de s'y rassasier de douleur.
150   Elle m'entendit et, prenant son parti sans rien dire,
elle sortit de la chambre. Je la vis rentrer un moment
après, tenant un voile d'or brodé de perles que vous lui
aviez apporté des Indes *. Puis, s'approchant du lit, elle
baisa le voile, en couvrit en pleurant la face de son amie,

---

  * **On voit assez que c'est le songe de Saint-Preux, dont Mme d'Orbe avait l'imagination
toujours pleine, qui lui suggère l'expédient de ce voile. Je crois que, si l'on y regardait de
bien près, on trouverait ce même rapport dans l'accomplissement de beaucoup de prédictions.
L'événement n'est pas prédit parce qu'il arrivera; mais il arrive parce qu'il a été prédit** [12].

  11. « Causer une souffrance morale comparée à une blessure » (Littré).
  12. Note tardive où Rousseau, critiquant les prophéties, semble se rallier aux sceptiques.
Mais s'il n'accorde pas au songe une valeur prémonitoire, il lui donne une signification.

Dernière mention du voile : sa signification

Du vivant de Julie (cf. V^e partie, lettre IX), il symbolisait un
vestige d'opacité entre les êtres même les plus transparents.
Dieu lui-même lui était à la fois présent et caché, puisque les
vivants doivent, pour le connaître, passer par l'entremise des sens
et de l'imagination. Par sa mort, Julie franchit ce voile métaphysique, qui sépare matière et esprit; elle accède à la transparence
totale. Mais Claire couvre son visage du voile qu'avait acquis
Saint-Preux lors de son exil dans les Indes lointaines; alors, comme
le note J. Starobinski (op. cit. p. 147), « une profonde similitude
s'établit entre l'éloignement imposé par l'amour impossible et
l'éloignement de la mort. Et de même que l'exil avait été la condition d'une parfaite union spirituelle, la séparation par la mort
constitue la promesse d'une réunion absolue ».
En outre, le délire prophétique de Claire, la crainte superstitieuse
des spectateurs, le contraste entre la matière précieuse du voile
(« or brodé de perles ») et les chairs de Julie qui « commençaient à se corrompre », tout cela révèle chez Rousseau l'horreur
et la fascination du sacré.

¹⁵⁵ et s'écria d'une voix éclatante : « Maudite soit l'indigne
main qui jamais lèvera ce voile! maudit soit l'œil impie qui
verra ce visage défiguré! » Cette action, ces mots frappè-
rent tellement les spectateurs, qu'aussitôt, comme par une
inspiration soudaine, la même imprécation fut répétée par
¹⁶⁰ mille cris. Elle a fait tant d'impression sur tous nos gens
et sur tout le peuple, que la défunte ayant été mise au
cercueil dans ses habits et avec les plus grandes précau-
tions, elle a été portée et inhumée dans cet état, sans qu'il
se soit trouvé personne assez hardi pour toucher au
¹⁶⁵ voile *...

---

* Le peuple du pays de Vaud, quoique protestant, ne laisse pas d'être extrêmement supers-
titieux.

LETTRE XII DE JULIE
(Cette lettre était incluse dans la précédente)

[*Voici le début de la lettre que Julie avait remise à M. de
Wolmar pour qu'il la transmît à Saint-Preux*] :

Il faut renoncer à nos projets [1]. Tout est changé, mon
bon ami : souffrons ce changement sans murmure; il
vient d'une main plus sage que nous. Nous songions à
nous réunir : cette réunion n'était pas bonne. C'est un
⁵ bienfait du ciel de l'avoir prévenue [2]; sans doute il prévient
des malheurs.

Je me suis longtemps fait illusion. Cette illusion me
fut salutaire; elle se détruit au moment que je n'en ai
plus besoin. Vous m'avez crue guérie, et j'ai cru l'être.
¹⁰ Rendons grâces à celui qui fit durer cette erreur autant
qu'elle était utile : qui sait si, me voyant si près de l'abîme,
la tête ne m'eût point tourné? Oui, j'eus beau vouloir
étouffer le premier sentiment qui m'a fait vivre, il s'est
concentré dans mon cœur. Il s'y réveille au moment qu'[3] il
¹⁵ n'est plus à craindre; il me soutient quand mes forces
m'abandonnent; il me ranime quand je me meurs. Mon

---

1. Julie avait demandé à Saint-Preux de s'installer définitivement à Clarens, et d'être
le précepteur de ses enfants.
2. *Cf.* p. 90, note 1.
3. Au moment où.

ami, je fais cet aveu sans honte; ce sentiment resté malgré
moi fut involontaire; il n'a rien coûté à mon innocence;
tout ce qui dépend de ma volonté fut pour mon devoir :
20 si le cœur qui n'en dépend pas fut pour vous, ce fut mon
tourment et non pas mon crime. J'ai fait ce que j'ai dû [4]
faire; la vertu me reste sans tache, et l'amour m'est resté
sans remords.

   J'ose m'honorer du passé; mais qui m'eût pu répondre
25 de l'avenir? Un jour de plus peut-être, et j'étais coupable! Qu'était-ce de la vie entière passée avec vous?
Quels dangers j'ai courus sans le savoir [5]! A quels dangers
plus grands j'allais être exposée! Sans doute je sentais
pour moi les craintes que je croyais sentir pour vous.
30 Toutes les épreuves [6] ont été faites; mais elles pouvaient
trop revenir. N'ai-je pas assez vécu pour le bonheur et
pour la vertu? Que me restait-il d'utile à tirer de la vie?
En me l'ôtant, le ciel ne m'ôte plus rien de regrettable,
et met mon honneur à couvert. Mon ami, je pars au
35 moment favorable, contente de vous et de moi; je pars
avec joie, et ce départ n'a rien de cruel. Après tant de
sacrifices, je compte pour peu celui qui me reste à faire :
ce n'est que mourir une fois de plus.

   Je prévois vos douleurs, je les sens; vous restez à
40 plaindre, je le sais trop; et le sentiment de votre affliction
est la plus grande peine que j'emporte avec moi. Mais
voyez aussi que de consolations je vous laisse! Que
de soins à remplir envers celle qui vous fut chère vous
font un devoir de vous conserver pour elle! Il vous reste
45 à la servir dans la meilleure partie d'elle-même [7]. Vous ne
perdez de Julie que ce que vous en avez perdu depuis
longtemps. Tout ce qu'elle eut de meilleur vous reste.
Venez vous réunir à sa famille. Que son cœur demeure au
milieu de vous. Que tout ce qu'elle aima se rassemble
50 pour lui donner un nouvel être. Vos soins, vos plaisirs,
votre amitié, tout sera son ouvrage. Le nœud de votre
union formé par elle la fera revivre; elle ne mourra
qu'avec le dernier de tous...

---

4. Je devais.
5. Depuis que Saint-Preux est revenu de son tour du monde.
6. *Cf.* par exemple la lettre XVII de la quatrième partie.
7. Son âme.

● La lettre posthume de Julie

Dernier coup de théâtre dans le roman, et révélation foudroyante pour Saint-Preux : Julie n'était pas « guérie », Julie l'aimait toujours, Julie n'aurait sans doute pas pu dominer sa passion si elle avait continué à vivre. La mort lui permet d'avouer une dernière fois un amour qui est resté « sans remords »; le temps ne l'a ni effacé ni dégradé; l'éternité va être garante de sa pérennité.

Quelle peut être la signification de cet ultime revirement? Après avoir présenté successivement l'amour, la passion, la sagesse, l'effusion mystique, et les avoir analysés séparément dans toute leur plénitude, Rousseau a-t-il voulu les concilier à la fin par une volonté d'artiste? Cette interprétation nous semble trop restrictive.

Est-ce alors le réalisme qui l'emporte, et qui amène Rousseau à condamner, en fin de compte, la thérapeutique de M. de Wolmar et le projet de la vie à trois? Comme le fait remarquer B. Guyon, il aurait été tout aussi réaliste de supposer que les lois terribles de la mémoire et de l'oubli éteignent l'amour dans le cœur de Julie : Flaubert dans *L'éducation sentimentale* ou Proust dans *Un amour de Swann* montrent des amants devenus, avec le temps, indifférents l'un à l'autre.

En fait, Rousseau n'a pas cessé d'être écartelé entre deux conceptions de l'amour et de la nature humaine : l'une, plus sublime, qui croit l'homme capable de transcender sa condition; l'autre, qui considère cette tentative comme impossible. Julie est l'incarnation de la première : même lorsqu'elle semblait approuver les principes de M. de Wolmar et appliquer ses méthodes, elle attribuait sa propre vertu et celle de Saint-Preux au pouvoir de dépassement et d'épuration inhérent à l'amour lui-même. Sa dernière lettre paraît donc consacrer la volonté obstinée de rester fidèle au rêve platonicien et romanesque de l'amour invincible.

UN ROMAN PAR LETTRES

Au cours de la composition de son roman, Rousseau semble avoir bien connu les *Lettres anglaises* de Richardson : *Histoire de miss Clarissa Harlowe* (1751) et *Histoire du Chevalier Grandisson* (1755-56). La parenté des deux romanciers est évidente : mêmes personnages bourgeois, même sensibilité, même goût de la vertu et de la morale. D'autres lettres avaient déjà ouvert la grande époque du roman : les *Lettres portugaises traduites en français* (1669); les *Lettres de deux amants*, Héloïse et Abélard, éditées par Bussy-Rabutin en 1687; enfin, les *Lettres persanes* (1721) et leur postérité de lettres juives, chinoises, etc...

Pourquoi un roman par lettres? La genèse de *La Nouvelle Héloïse* montre que Rousseau se jette dans son roman au moment où il vient de renoncer à la littérature et à ses artifices. Il adopte donc d'instinct la forme qui préserve le mieux le naturel, la spontanéité. Des lettres « recueillies et publiées par Jean-Jacques Rousseau » sont, en somme, des documents.

— En vous aidant du livre de J. Rousset, *Forme et signification*, 1962, p. 65-108, et en vous appuyant sur des exemples, étudiez le sens de cette technique littéraire, qui permet de savantes variations sur la temporalité : le temps se creuse entre le moment de l'écriture et de l'envoi, celui de la lecture, celui de la réponse. Il y a aussi les « trous », les silences qui jalonnent l'échange des lettres et qui font sentir le poids du mystère des êtres, le lent travail du temps;

l'échange des lettres multiplie les éclairages, les jeux de miroirs : chaque personnage se réfléchit dans son correspondant, est jugé, critiqué par lui. Les confidents ajoutent à cette technique des « points de vue » que Gide réclamera dans *Les Faux Monnayeurs* pour rénover le roman contemporain;

ces informations, diverses et parfois contradictoires, sont aussi la voie vers la sincérité difficile, exigence suprême de Rousseau, dont l'être est si profondément divisé;

enfin, le musicien en lui est heureux de pouvoir, dans ces lettres, entendre les airs si différents chantés par ses héros, ces couplets d'une « longue romance ». Quel chemin parcouru, du « bel canto » initial, à la voix paisible de Julie dans le recueillement du salon de Clarens!

DEUX MYTHES ESSENTIELS
POUR ROUSSEAU

1. La statue de Glaucus

Une hypothèse de réflexion Un pêcheur ramène un jour dans son filet une statue rongée, voilée d'algues : son identité est à peine discernable. Rousseau se saisit de l'histoire, où il voit le fondement de sa pensée : « Semblable à la statue de Glaucus que le temps, la mer et les orages avaient tellement défigurée qu'elle ressemblait moins à un dieu qu'à une bête féroce, l'âme humaine détériorée au sein de la société par mille causes sans cesse renaissantes, par l'acquisition d'une multitude de connaissances et d'erreurs, par les changements arrivés à la constitution du corps et par le choc continuel des passions, a pour ainsi dire changé d'apparence au point d'être presque méconnaissable. » (Discours sur l'inégalité)

Rousseau sait que le temps historique est source de dépravation : « Infortunés! que sommes-nous devenus? comment avons-nous cessé d'être ce que nous sommes? » (Héloïse, III, 16); mais il transforme le sombre mythe calviniste d'une nature perdue, que le refus toujours possible d'une Grâce divine ne permettra peut-être pas de retrouver, en celui d'une nature cachée mais non détruite : « Ces maux de l'âme, altérations externes et passagères d'un être immortel et simple, s'effacent insensiblement et le laissent dans sa forme originelle que rien ne saurait changer » (III, 22). Il pense donc que le salut reste possible.

Le dévoilement Comment parvenir à l'intimité de son être, à cette présence à soi du sujet, qu'on peut nommer avec Starobinski la « transparence »? Comment soulever ce « voile » qui dissimule plusieurs fois la réalité profonde? L'important, c'est la qualité du regard jeté sur soi et sur les êtres. Julie, par une intuition fondée en raison, atteint au « regard pur », à celui de la conscience, qui découvre Dieu et la vertu. Le trouble né du désir s'évanouit dans la sublimation de l'amour : la passion s'est changée en fidélité et en tendresse. Dans la société idéale rêvée par Rousseau, les obstacles disparaissent, les masques tombent, et la communication est possible.

— Étudiez dans le roman l'importance du thème du voile.

2. Pygmalion

La statue de Glaucus était défigurée. Galatée, l'œuvre du sculpteur de Chypre Pygmalion, est parfaite; il s'éprend d'elle et obtient d'Aphrodite qu'elle l'anime pour qu'il puisse l'épouser. Ce mythe de l'artiste amoureux de son œuvre, Rousseau l'a vécu.

— Montrez que la genèse de l'*Héloïse*, dans ses péripéties, en est l'illustration. De la frustration initiale et du rêve compensateur vont surgir ces personnages qui fascineront Rousseau au point de l'amener à écrire son roman. Et le regard, à la fois bienveillant et dominateur, que Wolmar, « œil vivant », jette sur les hôtes de Clarens, n'est autre que le regard du romancier sur l'œuvre qu'il a créée et dont il a épousé le destin.

Le mythe de Pygmalion est donc complémentaire de celui de Glaucus : contre le Temps destructeur, Rousseau, dans une œuvre d'art, éternise la recherche essentielle que traduisait le premier mythe.

L'AMOUR DANS LA NOUVELLE HÉLOÏSE

Un livre essentiel : D. de Rougemont, *L'Amour et l'Occident*
La pensée de Rousseau est nourrie de la conception platonicienne de l'amour : la passion conçue comme un appel au dépassement infini, et trouvant son accomplissement dans la mort, qui mène à la contemplation de l'être aimé. L'amour courtois en est l'illustration : amour sacré, qui a son rituel, ses lois, en particulier le culte de la Dame; il s'affirme dans une fidélité indépendante du mariage, il n'est jamais l'amour comblé, mais est inséparable de la souffrance, de l'héroïsme et du sacrifice; le philtre que boivent les amants (Tristan et Iseut) symbolise leur entrée commune dans un destin où ils sont vaincus d'avance.

— Montrez comment la plupart de ces traits se retrouvent dans *La Nouvelle Héloïse*, parfois soulignés par des citations de Pétrarque et de Métastase.
Plus avant dans le roman, l'Éros platonicien semble vaincu par l'Agapé chrétienne. L'amour n'est plus fuite, mais retour vers la vie. Il est sanctifié dans le mariage, et son rayonnement fait naître la notion du « prochain ». La vie à Clarens est pénétrée de ce sens chrétien de l'amour.
Ainsi conçu comme une ascèse liée au mythe central de Glaucus, l'amour fonde la dynamique du roman : de l'état

d'innocence initial, où la spontanéité de la passion comble l'abîme de la discontinuité entre les êtres, à la mort, seul refuge pour l'Absolu de l'amour ainsi transcendé et sanctifié, — en passant par le temps des épreuves et de la transparence voilée (faute de Julie, son mariage, exils successifs de Saint-Preux), puis par la tentative de recréation de l'innocence initiale dans l'effort vertueux de la vie à Clarens où l'amour est devenu tendresse universelle. Long itinéraire jalonné par les variations sur le souvenir, qui assure la permanence de l'amour à travers ses vicissitudes.

L'UTOPIE DE CLARENS

Clarens est un rêve de Rousseau, mais aussi l'illustration des idées sociales qu'il exposera ensuite dans ses grands traités théoriques : une cité idéale, dont il veut montrer dans le moindre détail qu'elle est réalisable. Cette « utopie » est la critique, et même l'envers, d'une société que Rousseau a vu vivre sous ses yeux. Les longues lettres sur le bonheur de Clarens (IV, 10 et 11 ; V, 2, 3, 6, 7) correspondent aux lettres de Saint-Preux sur Paris (II, 14 et suiv.)

— Montrez, par l'étude comparée de ces lettres, que l'ordre naturel de Clarens, c'est d'abord la critique de l'ordre social de Paris.

Son décor est donc, non pas urbain, mais rural. La terre nourricière y est fertile et généreuse. Certes, à l'image de sa vigne, elle réclame le concours de l'homme ; mais sa mise en valeur suffit à faire vivre, sinon dans le luxe, du moins dans l'abondance et l'aisance, grâce à un total équilibre entre production et consommation. Point n'est besoin d'argent, qui peut tout corrompre (comme le montrera Balzac) : la vraie richesse est dans les choses, et la vraie valeur est le travail. Ainsi Rousseau approuve-t-il la prépondérance donnée à l'agriculture par les physiocrates (le *Tableau économique* de F. Quesnay a été publié trois ans avant *La Nouvelle Héloïse*). Le caractère patriarcal de la société de Clarens, qui rappelle les cités dépeintes dans *Les Aventures de Télémaque*, a été souvent souligné. En réalité, c'est une utopie de l'ère préindustrielle, qui ne prévoit pas le développement économique et social qu'apporteront les grandes industries du XIXe siècle. Dans sa minutieuse description d'un monde replié sur lui-même et où le temps est arrêté, Rousseau ignore les notions de devenir et de progrès, et de ce qui est leur moteur : l'ambition humaine. En privilégiant le sentiment d'être, il méconnaît en l'homme l'esprit d'entreprise. Et c'est en cela que, malgré le souci de réalisme, l'utopie de Clarens reste une pure chimère.

— Dans un article intitulé « L'utopie de *La Nouvelle Héloïse* » (*Roman et Lumières au XVIIIe siècle*, Édit. sociales 1970), Nicolas Wagner énumère plusieurs « utopies » dans le roman : le Valais, l'Élysée, Clarens, et écrit : « Si *La Nouvelle Héloïse* est une négation de la forme littéraire de l'utopie, elle peut nous apparaître utopique par l'état d'esprit qui y règne de façon permanente. » Pouvez-vous justifier cette affirmation ?

— Marie-Hélène Huet (*Le Héros et son double*, Corti 1975) voit dans Saint-Preux un « personnage utopique » par « son refus répété de s'intégrer en aucune façon au monde contemporain et son insistance à se maintenir dans la société artificielle du cercle de ses correspondants et à n'exister que par rapport à eux. » Est-ce votre avis ?

ACTUALITÉ DE LA NOUVELLE HÉLOÏSE

A sa parution, le succès du roman fut immédiat et durable. Mais aujourd'hui ? Certains aspects de l'œuvre demeurent pourtant ou redeviennent d'actualité. Les abus de la civilisation urbaine devraient faire apprécier les appels de Rousseau, ancêtre des « écologistes », à vivre plus près de la nature. Le « style sensible » peut irriter les jeunes générations, habituées à un autre langage. Car, dit Roland Barthes, le « discours amoureux est aujourd'hui *d'une extrême solitude*. Ce discours est peut-être parlé par des milliers de sujets (qui le sait ?), mais il n'est soutenu par personne ; il est complètement abandonné des langages environnants : ou ignoré, ou déprécié, ou moqué par eux » (*Fragments d'un discours amoureux*, p. 5). La lecture de *La Nouvelle Héloïse*, grande œuvre de prose lyrique soutenue par le sens musical de Rousseau, permettra peut-être au discours amoureux de rompre son actuelle solitude.

Les estampes commandées par Rousseau

Rousseau voulut illustrer son roman par 12 estampes (2 par partie), et, confiant le travail au graveur Gravelot, il lui adressa un texte directeur sur l'ensemble des personnages et sur chaque sujet. Nous donnons ici des extraits de ce qu'il a écrit à propos de 2 estampes que nous avons retenues.

● Huitième estampe : « *Les monuments des anciennes amours* » (lettre IV, 17; *Cf.* p. 10). Après avoir renvoyé au début de cette lettre, où il décrit le paysage, Rousseau poursuit : « Il faut ajouter à cette description que deux quartiers de rocher tombés du haut et pouvant servir de table et de siège doivent être presque au bord de l'esplanade; que dans la perspective des côtes du pays de Vaud, qu'on voit dans l'éloignement, on distingue sur le rivage des villes de distance en distance, et qu'il est nécessaire au moins qu'on en aperçoive une vis-à-vis de l'esplanade ci-dessus décrite.
C'est sur cette esplanade que sont Julie et son Ami; les deux seuls personnages de l'estampe. L'Ami posant une main sur l'un des deux quartiers lui montre de l'autre main et d'un peu loin des caractères gravés sur les rochers des environs. Il lui parle en même temps avec feu; on lit dans les yeux de Julie l'attendrissement que lui causent ses discours et les objets qu'il lui rappelle; mais on y lit aussi que la vertu préside, et ne craint rien de ces dangereux souvenirs. »

● Douzième estampe : sans inscription (lettre VI, 11; *Cf.* p. 116). Retenons les recommandations de Rousseau au sujet de Claire, personnage central de l'estampe : « Claire est debout auprès du lit, le visage élevé vers le Ciel, et les yeux en pleurs. Elle est dans l'attitude de quelqu'un qui parle avec véhémence. Elle tient des deux mains un riche voile en broderie, qu'elle vient de baiser et dont elle va couvrir la face de son amie [...] Dans tout autre temps, Claire n'est que jolie; mais il faut que ses larmes la rendent belle, et surtout que la véhémence de la douleur soit relevée par une noblesse qui ajoute au pathétique. »
Dans une lettre à Coindet, Rousseau précisait encore : « Cette estampe doit avoir je ne sais quel air de merveilleux, de féerie. »

TABLE DES MATIÈRES

Imprimerie Berger-Levrault, Nancy – 779194-8-1985
Dépôt légal : août 1985 – Dépôt 1re édition : 1979.
Imprimé en France.

Le commentaire de B. Guyon (Pléiade, p. 1820)

« Cette description des estampes [...] comble évidemment certaines lacunes que lui [= Rousseau] imposaient les lois mêmes du genre littéraire qu'il avait choisi. Ceux qui écrivent des lettres sont naturellement plus enclins à chanter leurs sentiments ou à les analyser, qu'à décrire les lieux ou les visages [...] Le choix même des scènes est significatif. C'est comme un index levé vers nous pour indiquer une préférence secrète, exiger une attention plus grande, une sorte de contemplation. »

Le commentaire de M. Butor (*Répertoire III*, Éd. de Minuit, p. 87-88)

« En publiant avec les gravures les instructions qu'il a données au dessinateur, il oblige ces petits tableaux à s'offrir à l'imagination ; il nous fait rêver à partir de chacun d'eux à d'autres qui seraient meilleurs, plus conformes à ses désirs, et surtout nous les fait interpréter comme le prélèvement d'un instant à l'intérieur de tout un déroulement [...], le prélèvement d'un détail à l'intérieur d'un spectacle plus vaste, ce que le format vertical allongé, telle une meurtrière ou l'entrouverture d'une porte, rend particulièrement sensible, notamment dans les instructions concernant la huitième estampe, *Les Monuments des anciennes amours* [...]

Les textes *inspirateurs*, après avoir mis en branle l'imagination de l'artiste, aident l'image résultant de celle-ci à parler à l'imagination du lecteur ; quant aux légendes exprimant la réaction de Rousseau lui-même devant ces tableaux imaginés, elles doivent les aider à parler à son cœur [...] Ces légendes lui donnent l'occasion de nous offrir un de ses silences les plus parlants, puisque la dernière estampe est *sans inscription*. »